带队伍要掌握的关键法则

团队管理是管理者的第一堂必修课

在现代商战中，
团队创造力是促进组织绩效、
提升组织核心竞争力的
重要方式与手段。

龚　俊◎编著

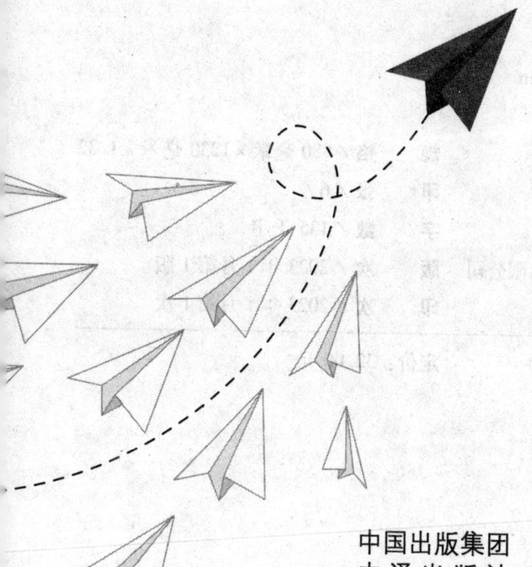

中国出版集团
中译出版社

图书在版编目（CIP）数据

带队伍要掌握的关键法则 / 龚俊编著. —北京：中译出版社，2020.1

ISBN 978-7-5001-6153-0

Ⅰ.①带… Ⅱ.①龚… Ⅲ.①企业管理-团队管理 Ⅳ.①F272.9

中国版本图书馆 CIP 数据核字（2020）第 002311 号

带队伍要掌握的关键法则

出版发行 / 中译出版社
地　　址 / 北京市西城区车公庄大街甲 4 号物华大厦 6 层
电　　话 / (010) 68359376　68359303　68359101　68357937
邮　　编 / 100044
传　　真 / (010) 68358718
电子邮箱 / book@ctph.com.cn

策划编辑 / 马　强　田　灿
责任编辑 / 范　伟　吕百灵
封面设计 / 君阅书装
印　　刷 / 三河市嵩川印刷有限公司
经　　销 / 新华书店

规　　格 / 880 毫米 × 1230 毫米　1/32
印　　张 / 6
字　　数 / 135 千字
版　　次 / 2023 年 1 月第 1 版
印　　次 / 2023 年 1 月第 1 次

ISBN 978-7-5001-6153-0　　定价：32.00 元

中　译　出　版　社

前　言

所谓带队伍，就是带领一群人，互助互利、团结一致，为统一目标而奋斗到底。

用一个形象的比喻来说，一个队伍就是一条船，队伍中的每一个成员都是船员。作为团队成员，我们要保证让船乘风破浪，安全前行。无论是遇到了狂风、暴雨，还是触礁、搁浅等风险，我们都不能选择逃避。

让队伍中的每一个人都与团队共命运，就是领导者的职责和使命。

如今是一个合作共赢的时代，任何人都不可能依靠单打独斗取得成功。如果我们想要在这个充满竞争的社会立于不败之地，最好的办法就是打造一支忠于自己的队伍，并带领这支队伍共同朝着目标努力奋进。

一个队伍中，只有每个成员同心协力、友好合作，并且乐于分享，才能取得胜利。

古人云：人心齐，泰山移。当一群有能力、有信念的人组成一支队伍，调动队伍中每个人的所有资源和才智，自动自发地朝一个方向努力。其间，如果他们能够消除所有不和谐和不公正现象，同时给予那些大公无私的奉献者适当的回报。那么这样的队伍，将会产生一股多么强大而且持久的力量！

小成功靠个人，大成功靠团队。一个领导者，只有让自己的队伍拧成一股绳，才能让队伍中每个人的能力发挥到极致。只有打造一支高敬业度、高责任心、高工作绩效的优秀队伍，队伍中的每个人都积极主动、爱企如家，时刻保持充满激情的工作状态，企业才可能充满凝聚力，富有执行力，才能加速成功的步伐。

在本书中，编者将告诉诸位企业领导者：如何让自己的队伍保持团结，如何让队伍中的每个人都自觉承担责任，如何让队伍成员学会有效沟通，如何让成员对队伍保持忠诚，等等。

本书所总结的带队伍需要掌握的关键法则，值得每一位企业领导者认真学习。通过对本书的阅读和应用，必将使你打造出一支战无不胜的强大队伍！

作者

目 录

第一章

团结法则：让队伍拧成一股绳

一切使人团结的是善与美，一切使人分裂的是恶与丑。

——列夫·托尔斯泰

一个人如果单靠自己，如果置身于集体的关系之外，置身于任何团结民众的伟大思想的范围之外，就会变成怠惰的、保守的、与生活发展相敌对的人。

——高尔基

团结就有力量和智慧，没有诚意实行平等或平等不充分，就不可能有持久而真诚的团结。

——欧文

团结，让 1+1 ＞ 2

对于 1+1=2 这个等式，几乎所有的人都知道。但是，很多人却没想过，如何做才能让 1+1 ＞ 2。

事实上，很多人一定都知道这样的事：如果平均一匹马能拉动 2 吨货物，那么两匹马在一起共同拉的话，它们所能拉动的货物就不止 4 吨。这不就实现了我们说的 1+1 ＞ 2 的效果吗？

古希腊时期的塞浦路斯，那里有一座城堡，里面关着 7 个小矮人。传说他们是因为受到了可怕的诅咒而被关到了这个与世隔绝的地方。他们找不到任何人可以求助，没有粮食、没有水，7 个小矮人越来越绝望。小矮人没有想到，这是神灵对他们的考验——关于团结、智慧、知识、合作的考验。

小矮人中，第一个收到守护神雅典娜托梦的是阿基米德。雅典娜告诉他，在这个城堡里，有 26 个房间，除了他们住的那间阴湿的储藏室以外，其他的 25 个房间，只有一个房间里有一些蜂蜜和水够他们维持一段时间的；另外的 24 个房间里装的是石头，其中有 240 块玫瑰红的灵石，收集到这 240 块灵石，并把它们排成一个圈，可怕的咒语就会解除。他们就能逃离厄运，重回家园。

梦醒后，阿基米德迫不及待地把这个梦告诉了其他 6 个伙伴。可是，只有爱丽斯和苏格拉底愿意和他一起努力。刚开始，爱丽斯想到要找木材，这样既能取暖又能照亮房间；苏格拉底想去找那个有食物的房子；阿基米德想快点把240块灵石找齐，好让咒语快点解除。3个人没有达成统一的意见，于是决定各自行动。但几天下来，他们都筋疲力尽，却没有任何结果，还遭到其他4个伙伴的嘲笑。

失败让阿基米德、爱丽斯和苏格拉底意识到：他们三个人应该团结在一起。于是他们决定先去找火种，再去找吃的，最后大家一起找灵石。这果然是一个很灵验的方法，很快，他们就在左边第二个房间里找到了木材和火源。紧接着，他们又找到了蜂蜜和水。最后，他们凑齐了240块灵石，解除了咒语。

由此可见，几个人团结起来的力量是远远大于每个人单独行动的力量。在一个企业里，如果每个人都各做各的事，既不向别人寻求帮助，也不和别人合作，那这个企业的发展状况该是多么令人担忧啊！要知道，很多时候两个优秀的人各自去完成一件艰难的任务，结果往往两个人都不能完成。但如果两个人合作的话，两件任务都能够做得很完美。这就是团结的力量。

从前，吐谷浑国的国王阿豺有20个儿子。他这20个儿子个个都很有本领，难分上下。可是他们都自恃本领高强，不把别人放在眼里，都认为只有自己最有才能。平时，这20个儿子常常明争暗斗，见面就相互讥讽，在背后也总爱说对方的坏话。

阿豺见到儿子们这种互不相容的情况很是担心，他明白敌人很容易利用这种不和睦的局面来各个击破，那样一来，国家的安危也就悬于一线了。阿豺常常利用各种机会和场合来苦口婆心地教导儿子们停止相互攻击，要相互团结友爱。可是，儿子们对父亲的话总是左耳朵进、右耳朵出，表面上装作遵从教诲，实际上并没有放在心上，依然我行我素。

阿豺的年纪一天天老了，他明白自己在位的日子不会很久了，自己死后，儿子们应该怎么办？再没有人能教导他们、调解他们之间的矛盾了，那国家不是要四分五裂了吗？能用什么办法让他们懂得要团结起来呢？阿豺越来越忧心忡忡。

有一天，久病在床的阿豺预感到死神就要降临了，他也有了主意。他把儿子们召集到病榻前，吩咐他们说："你们每个人都放一支箭在地上。"儿子们不知何故，但还是照办了。阿豺又叫过自己的弟弟慕利延说："你随便拾一支箭折断它。"慕利延顺手捡起身边的一支箭，稍一用力，剑就断了。阿豺又说："现在你把剩下的 19 支箭全部拾起来，把它们捆在一起，再试着折断。"慕利延抓住箭捆，使出了吃奶的力气，咬牙弯腰，额头上青筋暴起，折腾得满头大汗，始终也没能将箭捆折断。

阿豺缓缓转向儿子们，语重心长地开口说道："你们现在都看明白了吧，一支箭，轻轻一折就断了，可是合在一起的时候，就怎么也折不断。你们兄弟之间也是如此。如果相互斗气，单独行动，很容易遭到失败，只有 20 个人联合起来，齐心协力，才会产生无比巨大的力量，可以战胜一切，保障国家的安全。这就是团结的力量啊！"

儿子们终于领悟了父亲的良苦用心，想起自己以往的行为，都悔恨地流着泪说："父亲，我们明白了，您就放心吧！"

阿豺见儿子们真的懂了，欣慰地点了点头，闭上眼睛安然去世了。

所以说，不论一个人有多么能干，他的才能多有高，但如果一味地只想到自己，做什么都是靠自己，那么他不可能做出多大的成就。要知道，一个平凡的人和其他人彼此默契、互相配合，那么产生的力量是远远大于一个优秀的人的。因为一个人的力量是有限的，团结协作才能有更大的力量。合作就是要创造出比团队成员个人所能创造出的总和更多的价值，这也是团队存在的意义。

团结协作才能更好地发挥每个人的才能。

在今天，无论你从事什么工作，处于什么环境，都无法脱离其他人对你的支持。要知道，独行侠的时代早已过去了。所以说我们的成功，没有完全属于自己的，都是团队的成功。因为我们是社会人，每天不可避免地要通过各种渠道、各种方式，接触到众多的伙伴、同事、朋友。这个时候，团队就起到不可忽视的作用。

我们不可能完全脱离别人而单独完成一项工作，只有团队协作，才能创造更大的效益。

某个人醉心于戏剧，他不顾亲朋好友的反对，毅然选择一处并不热闹的地区兴建了一所超水准的剧场。

但奇迹出现了，剧场开幕之后，附近的餐馆一家接一家地开设，百货公司和咖啡厅也纷纷跟进。

没过几年，那个地区竟然发展得非常繁荣，剧场的卖座更是鼎盛。“看看我们的邻居，一小块地，盖栋楼就能出租那么多钱，而你用了那么大的地，却只有一点剧场收入，岂不是太吃亏了吗？”那人的妻子对丈夫抱怨。“我们何不将剧场改为商业大厦，也做餐饮百货，分租出去，单单租金就比剧场的收入多几倍！”

这个人想想确实如此，就草草结束剧场，贷得巨款，改建商业大楼。怎料大楼还没有竣工，邻近的餐饮百货店纷纷迁走，房价下跌，往日的繁华不见了。更可怕的是，当他与邻居相遇时，人们不再像以前那样对他热情奉承，反而露出敌视的眼光。

这个人终于想通了，是他的剧场为附近带来了商机，才使得整个地区变得繁荣。但是，又由于他的改变，断了大家的商机，也使当地失去了繁华。

可以说，现在已是一个团队协作的时代。无论从公司发展还是从个人发展的角度考虑，我们都不能脱离团队，而是要与团队成员团结协作。因为每个人都有自己的短板，只有团队成员形成合力，才能更好地把工作完成。

因此说，职场中的每一个人，都应该把团队精神贯彻到平常的行动中去，使之成为一种习惯，只有这样，才能更好地完善和发展自己。

I+We=Fully I，这个公式是著名的心理学家荣格提出的。这个公式向我们表达出了这样一个含义：当团队成员团结协作的时候，才能最大限度地实现他们的价值。

一个企业就是一个团队，不能与团队成员团结一致，也就意味着难以在企业中立足。某些员工总是怨天尤人，牢骚满腹，而且稍微不如意就跳槽。说到底，还是因为他们自身缺乏团结意识。这样的员工，心不定而且少忠诚，所以很难在工作上有所突破，当然就更谈不上职业生涯的成功。

对于一个团队来讲，只有团结一致，每个成员都保持统一的思想认识、统一的目标追求、统一的行动准则、统一的组织纪律和统一的方法步骤，才能实现团队乃至整个企业的高速成长进步。

反之，如果团队成员自私自利，喜欢孤军奋战，势必会在激烈的竞争面前显得不堪一击，出现“一个和尚挑水喝、两个和尚抬水喝、三个和尚没水喝”的悲剧。

引导团队成员团结协作，才能使团队形成最大合力，共同成就一番事业。

团结协作更有力量

在现代社会，团队的命运和利益决定了每一个成员的命运和利益，没有一个人可以使自己的利益与团队相脱节，也没有人可以单凭一己之力去完成一项让人热血沸腾的任务。

有“丛林之王”之称的非洲狮子，却常常处于挨饿状态，因为它们捕食的时候总是习惯独来独往。在非洲丛林里，还生存着另一种食肉动物——鬣狗，它们和狮子截然相反，通常是以成群结队的形式外出活动，多则数百只，少的也有几十只。而且这些群体活动的鬣狗很少自己猎食，而是等狮子把猎物杀死以后，再从“丛林之王”嘴里抢食。

虽然单个的鬣狗对于强大的狮子来说根本不值一提，但是成群的鬣狗团结起来却敢于从狮子口里夺食。

实际上，在动物世界里，像鬣狗那样凭借着团队合作精神创造出一个又一个不可思议神话的物种还有很多。比如最具有团队精神的狼群，它们相互信赖，彼此分工协作，团结一致，在协作中遵循它们铁一般的游戏规则。

而在职场上，随着现代社会分工越来越细化，个人单打独斗的时代已经结束了。

很多人都听过南郭先生的故事，南郭先生之所以能够在那个乐队里面混那么久，说明乐队里其他人都有真才实学，才让南郭先生能够在里面“滥竽充数”。虽然这个故事为了教育我们要练就一身真本事，才能经得起考验。但是从另一个角度来看，一个人无论自己优秀与否，但是他处在一个优秀的团队中，就是优秀团队中的一员。

美国著名管理大师杰克·韦尔奇说：“我喜欢用富有团队意识的员工，因为在一个公司或一个办公室中，几乎没有一件工作是一个人能够独立完成的。大多数人只是在高度细致的分工中担任一部分工作。只有依靠部门中全体职员的互相合作、互补不足，工作才能顺利进行，才能成就一番事业。”

是的，虽然每一位老板都希望自己的员工精明能干，能独当一面，但个人的表现优秀并不一定就能被老板委以重任。因为一个人的表现再突出，如果忽略了团队的整体合作，或者根本就不能或不屑与团队合作，从长远角度来讲，既不会为团队带来持久效益，也不利于个人价值的更好实现。

每年两次的南北迁徙，对大雁来说都是非常漫长和遥远的路程。一只大雁不可能单独完成长达十几天的旅程，它们靠的就是团队的紧密合作。大雁在飞行的时候总喜欢排成“一”字或“人”字，在这种团队结构中，每一只大雁扇动翅膀都会为紧随其后的同伴添一股向上的力量。每只大雁都能比单飞的情况提高 70% 的飞行效率，从而减少体力消耗，这样它们才能顺利地到达目的地，完成长途旅行。

一个好汉三个帮。一个人不管有多么优秀，但他都绝不可能具备完成工作所需的所有技术与经验，而通过借助团队的力量，通过团结协作，则可以将工作效率成倍提高。无数的事实证明，一个人会因为团队而更加强大。

每个企业都是由很多员工构成的，员工既是一个个独立的个体，每个人都有自己的岗位和职责，同时又是一个密不可分的整体。岗位和岗位之间、员工和员工之间、部门和部门之间，既相互独立又相互联系，每项工作的完成都依赖于大家的协同合作。

随着社会分工越来越细，每个人既要接受别人对自己提供的帮助，同时自己也要为别人提供帮助。一个人如果完全脱离社会，那他根本就不可能生存下去。在专业化分工越来越细、竞争日益激烈的今天，靠一个人的力量是无法面对千头万绪的工作的。一个人可以凭着自己的能力取得一定的成就，但是如果把你的能力与别人的能力结合起来，就会取得更大的令人意想不到的成就。

常言说得好，一根筷子容易被折断，但是十根筷子却能牢牢抱成团。这句话就很好地说明了团队合作的重要性。我们每一个员工就好比是一根筷子，和其他员工抱成一团就是一把筷子，一把难以被折断的筷子。

作为管理者，有责任将员工凝聚在一起，使其为企业创造更大的价值。

让每个成员都热爱团队

如果你想打造一支优秀的团队，那么有一项工作是至关重要的，那就是想办法让员工发自内心热爱你的团队。

热爱不只是一种想法、一种观念，更是一种行动。如果你的员工讨厌你的团队，或者仅仅把团队当成无所谓的组织，那么还是赶紧请他离开这个团队吧。因为如果他不热爱你的团队，不仅对自己的发展前途不利，更会影响到团队的发展。

玛丽是纽约一家公司的普通职员，因为学历不高，公司给她分配的任务就是每天接听电话，记录客户反映的情况，但是她却做得更多。

每天，她总是提前半个小时就到达办公室，当其他同事来上班的时候，她已经把办公室打扫得干干净净，办公桌也被她擦洗过了，整个办公室因为有了她而变得更加清洁和美观。

在工作上，她总是尽最大的能力多做一些，在她的眼里，完成自己的任务还远远不够，她总是想方设法多为公司做一些事情，她是这样说的："我爱我的公司，它已经成为我生命的一部分。"

一个热爱团队的人，无论为团队多做些什么、多付出什么，都是觉得有意义的。那些不热爱团队的人，他们时刻看到的只是自己所消耗的时间得到了多少金钱的补偿，而从来没有想过自己为团队做出了多大的贡献。对这样的人来说，工作是一种负担而不是一种责任。

作为领导者，要让员工认识到，在团队里一天，就应该热爱团队，把团队当成与自己荣辱与共的组织，时刻把团队的事当成自己的事，努力为团队发展贡献自己的力量。

那么，什么样的员工才是真正热爱团队的呢？

1. 视自己为团队的负责人

如果团队里的每一个人都能把自己放在负责人的位置，那么这个团队的力量将是无比巨大的。因为当员工把自己当作团队的负责人时，就会时时刻刻关注团队的一切情况，并尽自己的一切努力，只为让团队发展得更好。

2. 多为团队做一些事

很多成功的人士都这样忠告年轻人：努力为你的团队多做一些！

我们身边有很多人，他们连自己分内的工作都做不好，这样的人很难为团队的发展做出什么贡献，反而只会拖团队的后腿。而等待这种人的往往是被团队所淘汰。

还有一些人，以为自己把工作已经做得很出色了，但从来没有想过多做一些，而是整日抱怨自己怎么还没有得到升迁。

另外还有一种人，那就是不仅把分内工作做得很出色，而且时刻想着“我能为团队多做些什么”，并且付诸行动的人，他们自身也会很快得到提升。只有这样的人才是团队真正需要的。

3. 时刻把团队利益放在第一位

一个与团队共命运的人首先应该是视团队利益为第一的人。任何时候，他绝不会以团队的名义去谋取私利；任何时候，他都会为了团队的利益而更加努力。他不会为了眼前的利益而出卖团队的利益，也不会因为个人利益与团队利益有冲突，就置团队利益于不顾。

4. 努力维护团队的形象

如果一个人置自己团队的形象于不顾，谁能相信这样的人会对团队发展起到什么促进作用？一个连团队的形象都不理会的人，又怎么会在乎团队的荣誉、发展和利益？

引导员工热爱你的团队，就要让他们认识到，为团队付出与贡献是一件快乐而有意义的事。

优秀员工懂得主动维护团队荣誉

荣誉，可以说是一个团队最重要的无形资产。荣誉是团队的脸面，也是每一个员工的脸面。别以为维护公司荣誉只是上司和老板的责任。每一位员工，都要像爱护自己的脸面一样爱护公司的形象，维护公司的品牌。

一名优秀的员工，一定是能够时刻存有荣誉心和职业心的员工。他们总是把自己的工作做到最好，无愧于企业，无愧于老板，无愧于他人，更无愧于自己。

荣誉感和自豪感是一个团队的向心力、战斗力的来源。一个没有荣誉感的团队是没有希望的团队，一个没有荣誉感的员工也不会成为一位优秀的员工。

优秀的员工会把公司荣誉放在第一位，无论何时何地，都最大限度地维护公司的利益，他们懂得先有团队的荣誉才有自己的荣誉。员工与企业的关系就如同手足和身体，不能只看到自己，而应站在更高的角度关心企业的发展，要有统观全局、服从全局的思想，将企业荣誉放在第一位，追求整体效益。

团队的荣誉可以给人强大的动力，可以给组织带来生命力，使成员为了共同的荣誉而奋斗。在集体荣誉面前，成员会对组织有更高的认同感，他们不想因为自己而影响团队，因此，便主动改进工作方法，努力让自己变得更加优秀。

一个成熟的员工必须具备集体荣誉感，并且努力使这种自觉成为习惯，在日常工作、生活中自觉维护集体的荣誉。

比如，拨打和接听电话时，即使老板不在你身边，你也应该注意语气，体现你的素质与水平，展现企业的形象。微笑着平心静气地接打电话，会令对方感到温暖亲切。不要认为对方看不到自己的表情。其实，你打电话的语调中已经传递出是否友好、礼貌、尊重他人等信息 。也许正是因为你不经意的冷淡和鲁莽，吓走一个潜在客户，使企业利益遭受不必要的损失。

彼特是某知名饮料公司的营销经理。MBA 毕业后，他就来到了这家公司，从一名普通职员干起，如今已经做到了部门经理的位置，成为公司出色的要员之一。彼特非常喜欢现在的工作，因为这份工作充满了新奇与挑战，更因为公司环境特别好，使他在这里很快活，感觉就像在家里一样。

光阴似箭，一转眼 10 年过去了，彼特把生命中这最美好的时光都献给了公司。

周末，彼特终于可以闲下来了。妻子是一个购物狂，她对彼特一阵软磨硬泡，彼特只好陪妻子去逛超市。妻子每次逛超市，都要满载而归才能尽兴，而他只能跟在后面“当苦力”。逛着逛着，彼特看见自己公司销售的饮料品种齐全，顾客众多，摆在卖场最显眼的位置，这使他心里涌出一种自豪感。

突然，彼特发现，一箱饮料的商标上有一道非常刺眼的划痕，看起来很不舒服，很显然是卖场员工在搬运时划的。他将这箱饮料挪到其他饮料的后面，但转念一想，前面的饮料卖完后，它又会露出来，依然会被顾客看到。想到这里，他干脆把这箱饮料放到购物车上，自掏腰包买回家去。

妻子看到后，问彼特：“家里已经有足够多的饮料了（每个月公司都会给员工发饮料），为什么还要买它呢？”彼特指着商标上那道划痕说：“这是我的脸，脸上有污痕，会给别人留下不好的印象！”

我们从这个例子中可以看到，一个热爱工作、热爱公司的优秀员工，会把团队荣誉与自我形象紧紧联系在一起。

现代社会中，公共生活领域不断扩大，社会分工越来越细，人与人之间的交流与合作日益频繁，整个社会结成相互依存的有机整体。在这种条件下，个人利益与他人利益、社会利益被紧紧地联系在了一起。

个人在事业上的贡献和功绩，往往同集体的奋斗分不开，是在同事们的共同努力下取得的。离开集体的奋斗、同事的帮助，个人无法很快地成长。

所以，我们每个人取得的荣誉并非完全归个人所有，它是集体力量的结晶，是团队荣誉在个人身上的体现。团队荣誉，是个人荣誉的基础和归宿。

只有团队荣誉，才能让我们对待工作全力以赴，才能让我们自觉地远离任何借口，远离一切有损于公司和工作的行为。在争取荣誉、创造荣誉、捍卫荣誉的过程中，我们个人也不知不觉地融入团队之中，获得了更好的发展。可以说，荣誉感是团队的灵魂，荣誉感的激发，可以在组织中形成一个“同心圆”。

团结起来才能更好地合作

曾任美国总统的西奥多·罗斯福说过：“成功的第一要素是懂得如何搞好人际关系。”的确如此，在美国，曾有人向2000多位雇主做过这样一个问卷调查：“请查阅贵公司最近解雇的三名员工的资料，然后回答：解雇的理由是什么？”结果无论什么地区、无论什么行业的雇主，2/3的答复都是：“他们是因为不会与别人相处而被解雇的。”

张伟是一家公司的销售管理人员，凭借着自己的智慧和能力，在国内多个城市市场上闯出了一片天地，成为公司炙手可热的人物。踌躇满志的张伟以为销售部经理的职位非他莫属，然而，他却出乎意料地没有得到这个职位。

本来，公司的董事会想要提拔他为销售部经理，但是在提名的时候遭到人事部门的强烈反对，理由就是：各个部门对他的负面意见太多，比如不懂人情世故、不善于和同事交往、目中无人等，让这样一个人际关系不好的人进入公司的管理层是不明智的。

最终，销售部经理由他人担任，张伟只好把自己一手打拼出来的市场交给了别人。这就好像自己辛辛苦苦耕种的粮食被别人收获了一样，张伟非常痛苦和不解，他不明白自己到底什么地方做得不好，公司会这样对待他。很长一段时间他都很迷惑，后来一个同情他的同事化解了他的疑惑：问题的关键是他没有搞好和同事们的关系。

有一次，张伟出去为公司办理业务，在紧要关头却迟迟不见公司的汇票，使业务活动失败，令他丢尽了颜面还损失了一大笔单子。实际上，造成这次事故的原因不是公司方面出了问题，而是公司的出纳员有意拖延时间。因为张伟平时对这个出纳员总是不冷不热的，根本不把他放在眼里。

还有一次，张伟在外面办事，由于人手不够需要公司派人来协助，却不料，派来的人在半路上就被撤了回去，原来是一些公司资历老的人觉得张伟很狂妄自大、目中无人，在工作上不和他们交流，自作主张，所以趁此机会拖张伟的后腿。

张伟的工作业绩十分突出，但是忽视了人际关系的重要性。那些他不熟悉、不放在眼里的同事，在关键时刻坏了他的大事，阻碍了他事业的发展。最后无奈，张伟伤心地离开了公司。

很多时候，提拔任用一个员工，不仅要看他的工作能力强不强，还要看他是否团结同事。

因为，仅仅有很强的工作能力是不够的，同事关系是否和谐，同样关系着工作能否顺利开展。

在一个团队中，成员之间是否团结尤为重要，好的团队关系常常可以为你的事业带来意想不到的帮助，而糟糕的团队关系也会阻碍一个企业的生存与发展。

有一个刚毕业的女生参加麦肯锡企业的招聘。她的履历和表现都很突出，一路过关斩将，一直冲到最后一关。

最后一关的题目是小组面试，这个女生伶牙俐齿，整个过程都在抢着发言。在她咄咄逼人的气势下，这个小组的其他成员几乎连说话的机会都没有。

她认为自己在面试的时候表现很抢眼，被录取是十拿九稳的。然而，她落选了。

麦肯锡企业的人力资源经理认为，这个女生尽管拥有很强的个人能力，但是很明显，她缺乏团队合作精神，聘用这样的人对企业的长远发展有害无益。

比尔·盖茨说："在社会上做事情，如果只是单枪匹马地战斗，不靠集体或团队的力量，是不可能获得真正的成功的。这毕竟是一个竞争的时代，如果我们懂得运用大家的能力和知识的来面对每一项工作，我们将无往而不胜。"

在今天，一个企业无论从事什么行业、处于什么环境，都离不开团队的协作。如果团队成员不够团结，每个人都想抢头功，势必无法做到相互配合，反而有可能出现相互拆台的情况。这是非常不利于企业发展的。

因此可以说，培养团队成员的团结意识尤为重要。

求同存异，保持团队和谐

我们都知道，任何一个团队都是由不同的个体组成的。一个团队，没有了差异，就会是一潭死水，毫无生机，只能慢慢地走向保守、走向没落。一个团队的进步，需要不同的力量参与进来，才能够在相互的矛盾中寻求到新的思路，激发出新的灵感。

因此，合作固然重要，但是不能忘却了合作的过程中存在差异。而尊重彼此的差异，并利用好这些差异，才会使一个团队在保持差异化、多元化的同时，紧密地团结起来，更好地发展壮大。

1934 年，刚从斯坦福大学毕业的戴维·帕卡德和比尔·休利特在一次野营中认识，成了一对挚友。在此后的日子里，两人交往频繁。1939 年 1 月 1 日，他们成立合伙公司，通过抛硬币的方式来决定公司的名称，这就是当今世界上名声赫赫的惠普公司。

今天，这家总部设在美国加利福尼亚州的公司在全球的雇员有十几万人，每年的营业额高达千亿美元。惠普公司在美国的许多城市以及在欧洲、亚太地区、拉丁美洲和加拿大都设有分部。口口要保证如此庞大的一个公司健康高效地运作并非易事。惠普公司非常重视团队的合作精神，公司有一句要求每一个员工牢记于心的话，那就是："只有内部精诚合作，才能实现企业的共同目标。"这也是惠普每一个员工的承诺。

当然，对合作的要求并不影响惠普公司政策执行的灵活性。惠普公司的分支机构遍布世界各地，每一个分支机构都是惠普的重要部分。但是不容怀疑的是，任何一个国家和地区都有不同的地域、文化特色，想要用一个完全统一的标准来规范所有分支机构的行为是不可能的，也是没有必要的。在这一点上，惠普的经营者有清醒的认识。

公司制定了很多规章制度，努力营造一个可容纳不同观点、鼓励创新的宽松的工作环境。只要与惠普整个团队的基本目标不发生冲突，公司就允许个人在实现公司目标时，灵活采取自己认为最佳的工作方式。在一个技术发展异常迅猛并要求员工能力立即适应的领域中，这一点自然尤为重要。

正是由于这些强调合作的同时所秉承的适当放松的做法，才使惠普适应了各种不同的环境变化，让惠普的产品在世界范围内获得广泛的认同。

每一个员工都是团队中的一员，需要遵守团队的纪律，共同协作，但是差异和团队的共同目标并不冲突。个性差异给团队发展带来的不是灾难，而是发展力。所以说，合理地面对员工之间的差异，不但不会影响合作的效果，反而能够更好地发挥每一个员工的能力，推动团队朝着更好的方向发展。

尊重团队成员中的差异性，是团队进行良好合作的关键。因为每个人之间都会有差异，而一个团队的能量所在，也正是因为这些差异的存在。

团队的有效性常常需要混合不同的个体。这不可避免地就有冲突，甚至有团队成员之间的竞争。过多的冲突和竞争会导致一个“胜负”的问题，而不是合作解决问题的方法。

一支具有良好的团队精神的团队，具有以下特点：在团队风气上，能够容忍不同的观点；支持在可能接受的范围内进行不同试验；对公司忠诚；共同的价值观并愿意付出努力；在合作上能够坦诚交流，尊重每一位成员。让每一位成员都学会包容、欣赏、尊重其他成员的个别差异性，使全体员工产生团结感，树立共同目标，共创未来。

引导团队成员和谐相处

在一个企业中工作的每个人，都需要得到同事的支持和认可，才能更好地完成工作。

假如团队中的每一个人都心无芥蒂、真诚合作的话，这自然是件好事。但是，在职场中，有时不同个性、不同想法融合在一起，难免会有摩擦，这样的情况下，恐怕就很难好好合作了。

但是在一个企业里，每项工作都离不开合作，总不能因为团队成员关系不好就不相互合作吧。所以，学会如何建立和谐的人际关系，就显得尤为重要了。

如今，几乎每个公司都给员工提供了舒适的环境、合理的配套设施，但是无法保证和谐的人际环境。

我们常常听到不少人对怎样处理好办公室里的人际关系感到棘手，抱怨甚多。有些人觉得同事之间的关系太复杂了，工作也因此难以很好地进行下去，自己疲于应付，进而对工作也产生了厌倦的心理。

说起人际关系，让很多职场人士都很头疼。因为不能很好地处理自己的人际关系，在他们心里造成了很多困扰，严重影响了他们的工作。

其实，处理人际关系也有一些方法，不妨从以下几个方面入手，教团队成员正确处理人际关系。

1. 如果有意见最好直接向领导或者上司陈述

在工作过程中，因每个人考虑问题的角度和处理问题的方式有差异，所以对领导所做出的一些决定有看法，在心里有意见，甚至变为满腔的牢骚。在这种情况下，切不可到处宣泄。如果员工经常这样，那么即使再努力工作，做出了不错的成绩，也很难得到领导的赏识。

所以最好的方法就是在恰当的时候直接找领导，向其表示自己的意见。当然最好要根据领导的性格和脾气用其能接受的语言表述，并用愉快的口吻告诉他，这样效果会更好些。

作为领导，他能感受到你的尊重和信任，也可以看到你并没有对他有多怨恨，对你也会多些信任！

2. 乐于从老同事那里汲取经验

那些比你先来的同事，相对来说会比你积累更多的经验。有机会不妨和他们聊聊天，传达给他们你很虚心、很乐意跟他们交流的信息；聆听他们的见解，从他们的成败得失里寻找可以借鉴的地方。这样不仅可以帮助自己少走弯路，更会让他们感到新员工对他们的尊重。

尤其是那些资历比你长，但其他方面比你弱一些的同事，会有更多的感动。而那些能力强的同事，则会认为你善于进取，便会乐于关照并提携你。

3. 对新同事提供善意的帮助

新同事刚来，不了解情况，对工作不熟悉，我们要多多帮助他们，让他们感觉到气氛的融洽与公司环境的和谐。不把新同事放在眼里，在工作中不尊重他们的意见，甚至斥责，这些态度都会伤害对方，他们对你也会产生厌恶感。

4. 用自己的性别优势关心异性同事

每个人都渴望得到同事们的关心和理解，若能善于发挥自己的长处，对异性同事多些关心和帮助，比如男同事多为女同事分担一些她们觉得较为吃力的差事，女同事多做些需要心细的工作，多为办公室环境的美化做些事，这些对我们来说并不难，效果却很好。对方对你所给予的关心与支持打心眼里感激，将你视为可以信赖的好同事。

5. 适当“让利”，放眼将来

对那些细小的，不大影响自己前程的好处，多一些谦让。比如单位里分东西不够时少分些，一些荣誉称号多让给即将退休的老同事等；再如与其他人共同分享一笔奖金或是一项殊荣等，这种豁达的处世态度无疑会赢得人们的好感，也会增添你的人格魅力，会带来更多的“回报”。俗语所说的“吃小亏占大便宜”，从一定程度上说明了这个道理。

6. 让乐观和幽默使自己变得可爱

如果我们从事的是单调乏味或是较为艰苦的工作，千万不要让自己变得灰心丧气，更不可与其他同事在一起唉声叹气。而要保持乐观的心境，让自己变得幽默起来。

如果是在条件好的单位里，更应该如此。乐观和幽默可以消除彼此之间的敌意，更能营造一种亲近的人际氛围，并且有助于你自己和他人变得轻松，消除了工作中的劳累。那么，在大家的眼里你的形象就会变得可爱，容易让人亲近。当然，我们要注意把握分寸，分清场合，否则会讨人嫌。

可以说，团队合作需要有良好的气氛，也就是环境，一个好的环境才可以创造出一个好的团队。一个艰巨任务的出色完成，一定是整个团队通力配合的结果，因此，一个团结和谐的团队对于企业来说非常重要。这样的团队，一方面可以圆满地完成任务；另一方面又可以让每个人更好地发挥自己的力量，获得意想不到的结果。

第二章

责任法则：队伍前进的动力源

这个社会尊重那些为它尽到责任的人。

——梁启超

责任就是对自己要求去做的事情。

——歌德

责任感以及有效地派任职务是成功企业经营的要素之一。

——洛德福特

责任感让团队更好地前进

美国著名作家斯坦贝克说："人们需要责任感，他们不能抗拒承担责任，因为没有它就无法前进。"一个团队更是如此，如果一个团队没有很好的责任意识，那么这个团队是很难向前发展的。

当一个团队缺乏责任感时，其中的每位成员不能很好地意识到自己的职责对于整个团队的影响，很有可能因为某个团队成员的疏忽而导致失误，结果造成所有的工作功亏一篑。对此，如果不能及时地意识到责任对于团队发展的重要性，那么这个团队只会停滞不前，甚至后退。

周鑫是一位很有志向的年轻人。在他参加工作几年之后，就用自己的积蓄成立了一家婚庆策划公司。由于是创业初期，公司的规模不算大，加上周鑫，一共有十名员工。主要负责的是婚礼主题、婚礼布置、婚礼流程等方面的设计策划。

为了迎合现在年轻人的口味，周鑫想了很多方法使自己的婚庆公司能够更加独特时尚。比如，婚礼会场根据新郎新娘的个人喜好设计不同的主题，摆上主题元素，形象生动，衬托婚礼的浪漫和温馨。在让许多客户喜爱的同时，也对周鑫的婚庆公司提出了更高的工作要求，因为很多工作的完成还是需要专业技术的。

因此，为了让公司的每项工作都能够做得完美、出色，周鑫非常关注员工的业务方面的能力，也提出了很多的要求和规划。但是周鑫却忽略了另外一个重要的方面，那就是责任意识的培养。

虽然他们公司只是十来个人的小公司，但是公司每一次的任务需要大家各个方面的配合，比如，前期与客户的沟通，后期在婚礼现场的布置，包括司仪对整个婚礼过程的把握，都需要大家在工作的过程中相互沟通和配合。

由于员工们没有很强烈的团队责任意识，在最近一段时间，频繁出现一些衔接过程的失误。比如，现场布置出现主题偏差、流程出现客户不喜欢的环节等。出现的一系列差错，都是因为一些同事在工作中的不负责任。这让周鑫很生气，被影响到工作的员工也都觉得很郁闷，大家相互抱怨，也有点相互埋怨。

对于这种情况，周鑫却没能从集体责任感的方面来调节大家的情绪，导致了团队没有以往的团结，也没有了以往的凝聚力，阻碍了工作的正常开展，公司的发展也受到了极大的影响。

一个能够发展壮大的团队，必然是每个团队成员都有着很强的责任感。良好的责任感会让每个人始终看到自己在团队当中的位置，清楚自己对于整个团队的职责。然后把自己负责的工作准时保质保量地完成，也会在完成之后反复地核对自己的工作内容，保证不出差错。

要想让团队得到更好的发展，必须加强团队成员的责任意识，让每个人都能够对自己的职责负责。因为团队工作的顺利完成，离不开成员的责任感。强烈的责任感会促使每一个员工时时把团队整体的发展放在心上。

某公司是一家生产日化用品的综合性公司，在世界上享有盛名。这家公司的副董事长丹尼尔刚刚进入公司的时候，还只是一名普通的职员，他所使用的牙刷、牙膏等物品都是公司自己的产品。

然而，在一段时间里，丹尼尔每天早上刷牙的时候，牙龈总是出血。刚开始的时候，丹尼尔以为是自己刷牙的时候使了太大力气的缘故，没有太在意。但是此后，尽管刷牙时很小心，但是牙龈出血的状况并没有得到太大的改善。

他开始怀疑，问题是不是出在牙刷上。如果自己公司生产的产品真的有问题，那岂不是会大大影响公司产品的销路？

他开始试着寻找牙刷的问题。或许是牙刷的毛太硬了？于是丹尼尔刷牙之前就先把牙刷放在热水里浸泡一会儿，等到牙刷的毛彻底变软了之后再刷，但状况依旧没有好转。越是发现不了问题，丹尼尔就越是要探个究竟。他找来放大镜，开始仔细地观察牙刷的每一个细节。终于，他发现了问题所在：原来牙刷顶端是呈四角形的，这样一来，刷牙的时候牙刷顶端就很容易将牙龈刺破造成出血。而解决这个问题的方法很简单，只要把牙刷的顶端磨成球形就可以了。丹尼尔按照自己的想法做了，果然再刷牙的时候，牙龈就不再出血了。

虽然自己只是公司的一个普通员工，但是如果一个建议能够使公司的产品更加完美，丹尼尔将会感到无比高兴。

于是，他就将自己的设想汇报给了公司的技术部，技术部的人员经过研究之后，马上采纳了他的建议，设计出了新牙刷，这种牙刷的顶端全部都呈球形。这种新产品推向市场之后，销路大增，很快就跃居行业第一，市场占有率高达30%以上，畅销十多年而不衰。

丹尼尔因为这个建议为公司创造了巨大的利润，因此职位也得到了提升，一直做到了公司的副董事长。

一个人是否具有责任心不仅会影响自己的前途，更是团队能否在竞争中胜出的重要因素。一个有责任感的成员，总会想着如何能够让团队更好地发展，多做一点事，为团队的发展多尽一份力。因为这份责任，就算是一名最普通的员工，也能为团队的发展做出贡献。

我们的家庭需要责任，因为责任让家庭充满爱；我们的社会需要责任，因为责任能够让社会快速、稳健地发展；我们的团队需要责任，因为责任让团队更有凝聚力、战斗力和竞争力。一支无人愿意承担责任的团队只能以失败告终，一支人人勇担责任的团队必定能够走向成功。

每一位成员对团队都有责任

我们经常可以看到，在团队中，有一些人会觉得自己的工作就是自己的工作，如果没有很好地完成，大不了自己付出一定的代价。但是这些人往往会忽略，他们没有很好完成工作的时候，付出代价的是整个团队。

也有一些人会觉得，有团队的其他成员，只要他们把事情做好就可以了，自己努不努力都是一样的。可是他们往往不知道，正是因为他们的工作不努力，会导致整个团队的工作无法在规定的时间内完成，结果以失败告终。

要知道，任何有损团队荣誉、有损团队利益的事情，与每一个团队成员都是息息相关的，所有的人都拥有不可推卸的责任。团队的绩效取决于所有成员的责任意识。许多情况下，一个人的疏忽会造成整个团队的失败。因此，要想团队取得高绩效，团队中的每一个人都必须保持高度的责任心。

乔治经过面试后，到一家钢铁公司上班，但是工作还不到一个月，他就发现了一个问题：每次炼铁的时候，很多矿石还没有得到充分的冶炼就被扔掉了。如果一直这样下去的话，公司无疑要遭受很大的损失，但是大家好像对这件事情都熟视无睹，乔治决定向负责人汇报这件事情。

但是负责人不以为然，他认为乔治只是一个到厂不足一个月的普通工人，他所提的建议并不值得重视。而且，工厂的工程师都没有意见，可见不会有问题。于是他对乔治的意见随便做了个记录，就让他回去了。

过了几天，乔治见问题并没有解决，就亲自找负责冶炼的工程师提出了自己的意见。工程师很自信地说："我们工厂的冶炼技术是世界上一流的，怎么可能会有这样的问题呢？"工程师是名牌大学毕业的高才生，同样不将乔治放在眼里。

虽然自己的意见没有被采纳，但是乔治不肯罢休，他想了想，从那些扔掉的还没有冶炼完全的矿石里面拿出一块来，去找公司负责技术的总工程师。见到总工程师之后，他将手中的矿石拿给他看，然后说："先生，我认为这是一块没有冶炼好的矿石，您认为呢？"

总工程师仔细地看了看，就说："不错，这块石头里的含铁量很高。你从哪里得来的？"

乔治说："这是我们公司炼铁剩下的。"

总工程师大为吃惊，他简直不敢相信会有这样的事。他向乔治了解了事情的整个经过，然后和乔治一起到车间查看。原来是机器的某个零件出现了问题，才导致了冶炼的不充分。

总工程师将这件事情汇报给了总经理。第二天，总经理来到车间，宣布任命乔治为负责技术监督的工程师，这一点就连乔治也觉得很意外。

在任命乔治之后，总经理不无感慨地对周围的工人说："我们公司并不缺少工程师，但是却缺少负责任的工程师。这么大一个工厂，如此多的工程师，却没有一个人发现这个问题。当有人提出问题的时候，他们还不以为然。对于一个企业来讲，责任感比任何人才都更重要。”

在一个团队当中，无论我们扮演着什么样的角色，无论我们做的事情看似重要或者看似不重要，我们都要很清楚地知道，我们的工作都是团队中不可缺少的一部分。所以，一定要认真对待、努力承担。

无论在什么样的团队中，一个没有责任感的人只会拖团队的后腿。

王莉莉是一家教育机构的一名员工，主要负责学生的日常上课安排、上课质量及一些学生的维护工作。王莉莉的工作就是为了保证学生的上课质量，提高学生的成绩，能够让学生不退费并且可能再续费。

王莉莉的工作对于前期咨询师所做的努力来说是很重要的。因为咨询师已经向学生和家长承诺了会有很好的授课质量和授课氛围，会提高学生的学习成绩，会让学生能够在这里安心地学习。但是对于王莉莉来说，她却没有认清自己工作的责任，没有认识到自己的工作对于团队的影响。

在工作中，王莉莉没有投入百分百的努力，对于学生的授课，也只是简单地和老师商量了一下，并没有很好地和学生进行沟通交流，也没有针对学生自身的问题而制订详细的学习计划。学生的成绩没有任何提高，对于学习依然没有兴趣，这让家长很不满意，也对于之前咨询师许下的承诺产生了怀疑。

这样的结果会让咨询师的工作很尴尬，也给整个团队的工作带来了压力。自然，很多咨询师接到学生之后，也不愿意交给王莉莉负责了。王莉莉的工作没有办法继续开展。

在领导的教导下，王莉莉似乎也明白了些什么，努力地改变自己的工作态度，对工作负责、对学生用心。让每一个在这里上课的学生感受到尊重、感受到轻松，学生们也逐渐爱上了来这里上课，在老师的精心辅导下，成绩有所提高。

当王莉莉努力地把自己的工作做好的时候，她发现同事也逐渐对她友好起来，也愿意帮助她做一些她无法独立解决的事情，这让她的工作越做越顺手起来。

一个员工，无论他在团队中担任一个什么样的职务，都要知道自己所负责的工作对于团队来说都是必不可少的。任何人都不能因为自己的失误而影响到整个团队的工作。所以，一名合格的员工一定会将自己的工作任务按时保质保量地完成。

作为管理人员，可以引导员工合理规划自己的工作，不能出现误时的情况；也可以要求员工把自己的工作稍微提前一点时间完成，然后留有充足的时间进行检查，避免因粗心大意而犯下错误。

一个有着良好责任意识的团队，一定是每个成员都有着自我承担的自觉和勇气。当员工接受一项工作的时候，应该做到积极和主动，把完成工作看成自己的义务，而且必须好好地完成。无论工作的难易程度如何，都要虚心对待，把每一个细节都完成到位。

要清楚地知道，每一名员工的工作对于整个团队来说都是很重要的。因为大家都在为同一个目标而奋斗，任何一个环节的缺失都将导致目标无法达成。

对团队负责就是对自己负责

比尔·盖茨曾经说过："人可以不伟大，但不可以没有责任心。"

每一个团队都由不同的成员组成，每一个成员的努力程度，都将影响整个团队的运作。如果有一名员工对团队缺乏责任感，整个团队就会因为他的疏忽而出现纰漏，所有人的工作都将因为他的不负责而功亏一篑。因此，无论任何时候、什么情况，都应该要求员工保持强烈的责任意识。

一个团队需要每一个成员都具备责任感，这样团队才能稳步地前进。团队成员的责任感是一个团队前进的基础，也是一个团队制胜的坚实后盾。

在团队中工作，只有在团队利益实现的基础上才能追求个人利益。如何把团队利益更好地实现，就需要每位成员对自己的工作负责，对团队负责，这同时也是在对自己负责。

我们要努力地搭建起责任共同体，就要用适合的方法，建立起团队所有人的共同责任意识。让每一个人都坚守好自己的岗位，明确自己的职责同整个团队的关系。只有这样，工作才能够顺利地完成。我们才能够在一个共同责任意识的平台上去追求共同的利益，从而满足自我利益的诉求。

在与团队共同成长、发展的过程中，团队与个人实际上就形成了一种合作关系。在这种合作关系当中，团队和个人互为合伙人。个人努力工作、对团队负责，团队也给每一个成员相应的回报。

对团队负责，就是履行作为团队一员的责任。作为团队的一员，在享受团队给自己带来荣誉的同时，也不要忘记对团队的责任和使命。如果说一个团队是一艘船，那么团队的成员就是船员，为了到达目的地，在行驶途中，所有的船员必须共同面对可能遭遇的一切狂风巨浪。

其实，对团队不负责任，就是对自己的前途不负责任。对于每一个职业人士来讲，责任心是其成功的关键。对自己的行为负责并勇于承担这些行为的后果，这种素质不仅是团队最基本的要求，而且无论到任何地方，这都是很重要的一点。

一项战略计划最终是要靠公司这样一个团队来实现的，而不是仅仅靠任何一个人的力量。而作为相对具体、更加清晰的执行计划，则是要分解到各个部门，甚至是每一个人来完成的。公司的每一位员工，既是一个相对独立的个体，执行计划时必须对自己的工作负责；同时又是团队的一员，应该对团队的整体工作负责。

然而，有的员工认为，要照顾团队的利益，自己的工作就要受到影响。也就是说，要对团队负责，就不能对自己负责。在这种思想的支配下，执行任务时各行其是，拒绝协作，眼看着同事需要帮助，却置之不理；当同事求助时，又装出一副爱莫能助的样子。

这种思想蔓延到一个团队，就是各自为政，为了个人利益而不惜推诿、扯皮，甚至牵制对方，使得执行本来是行驶在一条宽阔的大道上，结果硬是挤到了一条羊肠小道上，甚至是逼到了悬崖边上。这样，对团队发展不利，对个人的发展也不利。

我们必须让员工认识到一点，先对团队负责，才能对自己负责。

当然，要想认真做到这一点，就要学会在团队中安守自己的职责，并与队友们携手努力，共同开创团队辉煌的明天。

毕竟这是个讲求协作的时代，唯有以团队的利益为最高利益，才能够确保自己的理想和利益得以实现。

所有的员工只有对团队负责，才会心往一处想，劲儿往一处使，从而形成强大的执行力，使各项决策得到贯彻落实，实现目标。

作为团队中的一名成员，必须从团队的角度出发，树立起自己对团队工作认真负责的信念。

每一个团队都类似于一个大家庭，其中的每一位成员都仅仅是其中的一分子，只有每一个人都具备了团队精神后，才能对团队的工作认真负责，对自己的人生和事业负责。

刘涛是一家营销公司的一名优秀的营销员。他所在的部门里，因为团队精神十分出众，而使每一个人的业务成绩都特别突出。

后来，这种和谐而又融洽的合作氛围被刘涛破坏了。

前一段时间，公司的高层把一个重要的项目安排给刘涛所在的部门，刘涛的主管反复斟酌考虑，犹豫不决，最终没有拿出一个可行的工作方案。而刘涛则认为自己对这个项目有了十分周详而又容易操作的方案。为了表现自己，他没有与主管磋商，更没有向他贡献出自己的方案。而是越过他，直接向总经理说明自己愿意承担这项任务，并向他提出了可行性方案。

他的这种做法，严重地伤害了与部门经理的感情，破坏了团队精神。结果，当总经理安排他与部门经理共同操作这个项目时，两个人在工作上不能达成一致意见，产生了重大的分歧，导致团队内部出现了分裂，团队精神涣散了下来。项目最终也在他们手中流产了。

由此可见，那些所谓的对自己负责恰恰成了执行的绊脚石。他们认为只要自己把工作做好就行了，甚至把自己当作英雄，认为仅靠自己的能力就能决定一个项目的命运。因此，他们认识不到自己的工作是团队工作的一部分，我行我素，从不肯对团队负责，主动站在团队的角度想想自己的工作应该怎样做，从而影响了团队的执行力。每个人出力不小，却成效甚微。

这正如两个人拉车，都使出了浑身的力气，但是方向恰好相反，车又怎么会前行呢？

在工作中，员工应该从团队的角度出发，而不要为求个人的表现，打乱了团队工作的秩序。这样，才能够保证团队工作的正常进行。

实际上，对团队负责和对自己负责并不矛盾。一个人只有对团队负责，才能保证自己的工作与团队的工作方向不相违背，才不会为了个人利益而扯团队的后腿，才不会做无用功，费力不少却对公司没一点用处。

如果一名员工完成一项工作后，对于公司整个计划起不到促进作用，甚至因为他而影响到组织执行力的发挥，那他称得上是对自己的工作负责吗？显然不是，应该是失职，严重了就是渎职。所以，对团队负责就是对自己负责，两者是相辅相成的关系。

作为管理者，要让员工明白，要想证明自己的价值，就离不开所在的团队；要想对自己的将来负责，就必须对团队负责。对企业负责和对自己负责是分不开的。在很多情况下，在为团队打拼的同时，也是在为自己的事业打拼。选择了一个团队，就是选择了一个发展平台。

承担责任，不找借口

任何一个团队在运作的过程中，都可能遭遇困难、面临失误，而这个时候正是需要团队成员责任感的时候。若是这个时候，不能很好地承担自己的责任，而是事事都推脱给别人，那这个团队极有可能被困难所摧毁。

要知道，我们每个人工作能力的提升和利益的获得都是在团队的共同努力之下实现的，当我们的团队不复存在的时候，我们的个人提升以及利益，又从何谈起呢？

对一个团队来说，责任确实是至关重要的。在很多公司都存在这样的问题，总有些员工在工作的时候，一出现什么不能解决的问题，就想放任不管或者推给别人。结果因为不能及时解决问题，给团队造成了更为严重的损失。

有一位食品企业的老板，讲述了发生在他们企业中的一件真实的事情。

这家企业由于厂房地势较低，每年都要经历一次至两次的抗洪抢险。有一年夏天，老板出差到外地去了。出差之前，他叮嘱几位主要负责人："时刻注意天气预报。"

有一天晚上，远在外地的老板给几位负责人打电话，因为他看到天气预报说有雨，担心厂房被淹。当时，厂房所在地已经下雨了，可能由于天气的原因，老板一连打了几个电话，都打不通。最后打到了财务经理的家里，让他立即到公司查看一下。

"嗯，我马上处理，请放心！"接完电话，财务经理并没有到厂房去，他心想：这是安全部的事情，不该我这个财务经理去处理，何况我家离厂房还有好长一段路，去一趟也费事。于是，他给安全部经理打了一个电话，提醒他去公司看一下。

安全部经理接到电话时有些不愉快，心里想："我安全部的事情，不需要你来管吧。"他也没有去厂房，当时他正在打麻将，连电话都没有打一下，他心里想："反正有安全科长在，没什么好担心的。"

安全科长没有接到电话，但他知道下雨了，并且清楚下雨意味着什么，但他心里想，有好几个保安在厂里，用不着他操心。当时，他正在陪朋友喝酒，甚至把手机也关了。

那几个保安的确在厂里，但是，用于防洪抽水的几台抽水机没有柴油了，他们打电话给安全科长。科长的电话关机，他们也就没有再打，也没有采取其他措施，早早地睡觉去了。值班的保安睡在值班室里，睡得很沉，他以为雨不会下很大。

到凌晨两点左右，雨突然大起来，值班保安被雷声吵醒时，水已经漫到床边！他立即给消防队打电话。

消防队虽然来得很及时，但由于通知太晚，大部分生产车间都被雨水淹没了，数十吨成品、半成品和原辅材料泡在水中，造成的直接经济损失达数百万元！

事后，追究责任时，每一个人都说自己没有责任。

财务经理说："这不是我的责任，而且我通知了安全部经理。"

安全部经理说："这是安全科长的责任。"

安全科长说："保安不该睡觉。"

保安说："本来可以不发生这样的险情，但抽水机没有柴油了，是行政部的责任，他们没有及时买回柴油来。"

行政部经理说："这个月费用预算超支了，我没办法。应该追究财务部的责任，他们把预算定得太死。"

财务部经理又说："控制开支是我们的职责，我们何罪之有？"

老板听了，火冒三丈："你们每个人都没有责任，那就是老天爷的责任了！我并不是要你们赔偿损失，我要的是你们的态度，要的是你们对这件事情的反思，要的是不再发生同样的灾难，可你们却只会推卸责任！"

这个事例的确值得人们深思。如果事例中的每一个人都能够及时担负起责任，尽最大的努力解决问题，这个工厂的损失绝对不会那么惨重。

其实喜欢找借口的员工应该明白这样一个道理：与其总是不断找各种理由来拒绝自己的责任，还不如认真地为自己的工作负责。如果你能够在工作中，时刻想着自己的责任，还有什么不能做好的呢？

在一家企业的季度会议上，销售部经理说："公司这个季度销售业绩不好，我们是有一定责任的。但主要原因是，对手推出的新产品比我们的好。"

研发经理“认真”总结道：“公司最近推出的新产品少是由于财务部门削减了研发预算。”

财务经理立即解释道：“公司采购成本在上升，我们必须削减。”

这时，采购经理跳起来说：“采购成本上升了10%，是由于南非一个生产铬的矿山爆炸了，导致不锈钢价格急速攀升。”

于是，大家异口同声地说：“哦，原来如此。”言外之意便是：大家都没有责任。

最后，总经理终于发言：“这样说来，我只好去考核南非的矿石了！”

如果员工在工作和困难面前，不能很好地承担自己的责任，而是事事都只会推脱，那注定自己的工作不能很好地完成，团队的工作也因此不能很好地完成。

在一个团队里，责任事关重大，只有敢于承担责任的成员，才能保证团队的利益。作为团队的一员，就应抛却任何借口，主动承担自己的责任。如果所有的员工都不愿意承担责任，一出现问题就喜欢找借口，那这个团队还能得到什么发展呢？一个团队能够长远的发展，就在于所有的成员都敢于担当责任。一个愿意多承担责任的员工，才有可能为团队贡献更多的力量，才会让自己获得更大的发展。

把责任落实到行动上

不管做什么工作，不管在什么情况下，团队责任都必须切切实实地落实到具体的行动上，才能解决问题，克服困难，让团队工作顺利地进行下去。

一天下午，日本东京小田急百货公司的售货员彬彬有礼地接待了一位来买留声机的美国女顾客。售货员为她推荐了一台某品牌的留声机。

事后，售货员清理商品时却发现自己错将一个空留声机货样卖给了那位美国女顾客，于是立即向公司警卫做了报告。警卫四处寻找那位女顾客，但不见其踪影。

经理接到报告后，觉得事关顾客利益和公司信誉，非同小可，马上召集有关人员进行研究，最后经过调查了解到那个顾客叫基泰丝，是一位美国女记者，她留下了一张“美国快递公司”的名片。

据此仅有的信息，小田急百货公司公关部开始了一连串近乎大海捞针的寻找。打电话向东京各大宾馆查询，无果。向纽约的“美国快递公司”总部查询，得到基泰丝父母的电话。给她父母致电，得到基泰丝在东京的住址和电话。几个人忙了一夜，总共打了35个紧急电话。

第二天一早，小田急百货公司就给基泰丝打电话道歉。几十分钟后，小田急百货公司的经理和提着东西的公关人员，乘车赶到基泰丝的住所。两人进了客厅，见到基泰丝就深深地鞠躬，再次表达歉意。他们除了送来了一台新的留声机外，又外加送了唱片一张、蛋糕一盒和毛巾一套。接着经理打开记事簿，向她讲述了这一失误的全部过程。

基泰丝深受感动。她告诉公关人员她买这台留声机，是准备作为礼物送给住在东京的外婆的，回到住所试用时发现留声机没有装机芯，根本不能使用。当时她很生气，觉得自己上当受骗了，立即写了一篇《笑脸背后的真面目》的批评稿，并准备第二天一早去小田急百货兴师问罪。没想到，小田急百货公司纠错如救火，为了一台留声机，花费了那么多的精力。这种做法让她很敬佩，她又重新写了一篇题为《35次紧急电话》的特别稿件。

如果没有责任感，就不会有这样大海捞针的行动，没有行动就不能及时挽救错误，那么报纸上刊载的新闻对于企业的形象和发展都会大为不利。正是因为经手的这位售货员和经理高度的责任感和切实的行动才转变了整个事件的走向。

这说明了一个道理，无论做什么事，都必须竭尽全力，把责任落实到自己的行动中。只有一丝不苟和认真负责，才能把工作做到最好，才能让每一名员工在最普通的工作岗位上也能创造奇迹，这正是团队能够得到发展的关键。

团队中任何一个人所承担的责任都关乎全局，牵一发而动全身。在残酷的市场竞争中，企业需要的就是有责任心的员工。只有员工对团队充满责任心，才会在团队需要的时候主动向前，从而维护团队的利益，提升团队的竞争力。

培养员工的责任心

对一个团队的工作来说，肯定有轻有重。如果大家都想做轻松的、不累的，同时又都想享受较高的成果回报，这怎么可能呢？一个团队中，总有些工作是必须去做的，如果没有人做，那么整个团队都不可能有收获。

在工作中多做一些，多付出一些，不见得就是一件吃亏的事情，尤其对于年轻人来说，在经验和知识都欠缺的时候，多争取一些机会去锻炼自己，是一件很好的事情。

所以，当团队分工时，那些愿意主动承担繁重工作的员工，往往是更值得信赖的。这样的员工，无论工作是难是易，是轻是重，他们都会认真对待，及时完成，而且也会在自己力所能及的情况下多为团队做一些事情。

在一个团队中，有些人明明很聪明，自身能力也很不错，但是在团队中的表现却很一般，甚至常出纰漏。究其原因，就是他们缺乏责任心。相反，有些人并无过人之处，甚至资质平平，但因为他们做事认真负责、坚毅果断、敢作敢当，反而表现突出。可见，责任心是一个成功者的必备条件。

作为管理者，要让员工每时每刻都要记住工作所赋予自己的荣誉，记住自己的责任和使命。如果一个人不能将承担责任变为一种习惯，就会被这个竞争激烈的社会所淘汰。

良好的责任意识不论是对于员工个人，还是对于团队的成长和发展来说，都是很重要的。责任意识是一个人获得成功的前提，所以，我们要努力培养员工的责任意识。

1. 重视生活中的细节小事

俗话说，习惯成自然，当一个人把责任变成一种习惯时，做事认真负责的态度也就逐渐融入他的生活中，而不需要别人监督才刻意去做。

当一个人主动工作时，他就不会感觉到麻烦与劳累。

实际上，在学校教育中，我们都接受过有关责任感的训练，比如按时完成老师布置的作业，遵守学校规章制度等。在工作中，同样可以采取这种方式培养员工的责任意识。

2. 不要推脱责任

为自己开脱是人类最原始、最基本的防卫机制。每一个人似乎很容易就能够学会为自己推脱责任。“不是我的错！”“这跟我没关系，不是由我负责的。”……当员工在如此努力地为自己开脱的时候，往往正是责任意识最薄弱的时候。作为管理者，要让员工明白，勇敢承担责任的人才能最终赢得别人的尊敬和信任。

3. 对自己的承诺负责

在日常工作中，有些员工会很草率地给别人一个承诺，而承诺过后，却发现要实现这个诺言需要很大的勇气，存在很大的困难。于是有些人就选择了违背自己的诺言，或干脆置之不理，这将会使他们的可信度大打折扣。

其实这样做是不对的，做人应当言而有信，亲口答应别人的事情、许下的诺言都要尽全力去履行，即使有些事自己不情愿但也必须这样做，因为这样做既是对别人负责，也是对自己负责。

4. 拒绝依赖他人

有些人习惯在工作中依赖别人，本来应该自己做好的事却处处抱怨他人。比如销售业绩差怪产品不好；和同事关系不融洽怪同事不热情；没做好工作怪同事没有配合好……

事实上，这所有的抱怨对自身而言是百害而无一利的。

但员工犯错的时候，应该让他们认真查找自己的问题，这样才能够逐步培养他们的责任感。

5. 将团队发展看成是自己的责任

对个人而言，只有团队发展了，员工个人才能有更大的发展空间；只有团队赢利了，员工的收入才能得到相应的提高。相反，如果团队不能够发展和赢利，个人的一切利益都无从谈起。换言之，团队的成功不仅仅意味着团队管理者的成功，更意味着每位成员的成功。

把责任变成一种习惯

对于一个有强烈责任感的人来说，责任已经成为他们生活中的一部分，就像一种习惯。无论在什么时候、什么场合，他们都不会忘掉自己的责任，任何时候都想着如何能更加负责地将工作完成得更好。

一个替人割草、收拾花园的打工男孩打电话给一位太太：“请问您需不需要一个园丁帮忙收拾花园？”

这位太太回答：“不需要了，我已经请了一个园丁。”

男孩又说：“我会帮您拔掉花丛中的杂草。”

这位太太回答说：“我的园丁已经做了。”

男孩又说：“我会帮您把草与走道的四周剪齐。”

这位太太说：“我请的园丁也做了，谢谢你，我不需要新的园丁。”

“那么，您认为那个园丁怎么样？”男孩接着又问道。

“我觉得我的园丁是个很好的年轻人，他做什么都很认真，而且十分主动。小伙子，你问这个干什么？”这位太太问道。

男孩并没有回答这位太太的问话，他挂了电话。

此时，男孩的朋友问他说：“你不是就在那位太太那儿打工吗？为什么还要打这个电话？”

男孩说：“我只是想知道我是不是做得足够好。”

一个负责任的员工，任何时候都会问问自己“我是不是做得足够好”，把责任作为自己的一种习惯，工作对于他们的意义绝不仅仅是赚钱，而是一种人生的追求。这样的人，想不成功都难。

1920年的一天，美国一位12岁的小男孩正与他的伙伴们玩足球，一不小心，小男孩将足球踢到了邻近一户人家的窗户上，一块窗玻璃被击碎了。

一位老人立即从屋里跑出来，他勃然大怒，大声责问是谁干的。

伙伴们纷纷逃跑了，小男孩却走到老人跟前，低着头向老人认错，并请求老人宽恕。

然而，老人却十分固执，小男孩委屈地哭了。

最后，老人同意小男孩回家拿钱赔偿。

回到家，闯了祸的小男孩怯生生地将事情的经过告诉了父亲。父亲并没有因为其年龄还小而开恩，而是板着脸沉思着一言不发。坐在一旁的母亲为儿子说情，开导着父亲。

不知过了多久，父亲才冷冰冰地说道：“家里虽然有钱，但是他闯的祸，就应该由他自己对过失行为负责。”停了一下，父亲还是掏出了钱，严肃地对小男孩说，“这 15 美元我暂时借给你赔人家，不过，你必须想法还给我。”

小男孩从父亲手中接过钱，飞快跑过去赔给了老人。

从此，小男孩一边刻苦读书，一边用空闲时间打工挣钱还父亲。由于他人小，不能干重活，他就到餐馆帮别人洗盘子刷碗，有时还捡捡废品卖钱。经过几个月的努力，他终于挣到了 15 美元，并自豪地交给了他的父亲。

父亲欣然拍着他的肩膀说：“一个能为自己的过失行为负责的人，将来一定是会有出息的。”

许多年以后，这位男孩成为美利坚合众国的总统，他就是里根。

后来，里根在回忆往事时，深有感触地说：“那一次闯祸之后，使我懂得了做人的责任。”

里根之所以有这么大的成就，很大的原因在于从他懂得了责任时起，便把责任贯穿到生活中的每一处。

当责任感成为一种习惯，成为一个人的生活态度时，他就会自然而然地担负起责任，而不是刻意去做。当一个人自然而然地做一件事时，当然不会觉得麻烦，更不会觉得累。

作为管理者，应当将责任意识植根于员工的内心深处，让它成为员工脑海中的强烈意识，时时刻刻都想着责任，把责任当作自己的一种习惯。这种强烈的责任心，会调动员工所有的积极性，激发所有的潜能，让他们在团队中能够表现得更加卓越和优秀。

对待小事也要尽责

现代职场有句非常经典的话：细节决定成败。

对于一名尽责的团队成员来讲，工作无小事。因为一个有责任心的成员清楚，要做到尽职尽责，就必须做好每一件小事。

事实也的确如此，团队的大部分工作，其实都是一些琐碎、细微工作的重复。这就意味着，一个人要想成就自己的职业生涯，就不能忽略这些细枝末节，否则难成大事。

“一屋不扫，何以扫天下”，这是古人留给我们的劝勉。在团队协作中，更是如此。工作中的细节，尤其要特别当心，因为其小，所以容易被忽视，也就更容易出差错。千里之堤，溃于蚁穴，小小的蚂蚁洞就能让坚固的防护堤遭受毁灭性的打击，由此可见，“小虽小，却很重要”。

一家国际知名的大公司招聘新人，很多能力极强的人纷纷而至。后来的美国汽车工业之父——亨利·福特就是这其中的一位。

因为公司的要求很严格，所以前面已经淘汰了许多优秀的应聘者。福特不禁为自己的命运担忧起来。终于轮到他了。他向办公室走去，无意间在门口看到了一张小纸片，出于习惯，他弯下腰把纸片捡了起来然后扔到了垃圾桶里。

面试很快结束了，年轻的福特以为自己没戏，正在懊恼的时候，面试的公司总裁却叫他留下来参加公司的培训，并且告诉他他已经被录取了。

福特感到有些不可思议，前面很多能力比他更强的人都被刷掉了，他不明白自己为什么可以应聘成功。

总裁看到他脸上疑惑的表情，哈哈大笑，说："我聘请你的一个最重要原因就是，你注重细节的举动让我感动。实不相瞒，那张小纸片是我让人故意放在那里的，目的是要考验应聘者是否注意这些细节。要知道，有的时候，一个细节可以决定公司的成败啊。"

比福特能力强的人，就因为这样一个细节失去了一次宝贵的机会，虽然弯腰捡一下小纸片只是一件很小的事情，但是善于发现这些细节，说明一个人是很有责任心的。福特用他的实际行动证明：细节可以决定成败。

正如某位管理学大师所说的那样：工作中的细节，只有那些心中有大责任感的人才能发现，才能做到位。

"这种小儿科的事情，简直是小菜一碟，谁不会啊？"这是很多人事后都会说的话。然而在实际工作中，却少有人能保证把每道"小菜"都做到位。

能否做好每件小事，对于一个团队的成败来说也是很重要的。一个具有强烈责任感的员工从不会轻视每道"小菜"，他们也从不把工作中的细节当成"小菜"。工作无小事，所有的工作都不是简单的事。这也印证了生活中的一句至理名言：有做小事的细致，才有做大事的气魄。

有许多人工作不到位，做不好小事情，就是因为他们从来不把小事和责任心联系在一起。很多人对待工作的态度就是，过得去就行。一般怀有这样心态的人往往没明白责任的意义。一个有着极强的责任心的员工通常是非常关注自身工作细节的。

日本某公司的一位小姐专门负责客商的接待工作。其中有与他们公司有重大业务往来的一家欧洲公司。

为了清楚地了解两家公司的合作项目，这家欧洲公司的经理经常需要往来于东京和他们的投资地大阪，而订票的工作也就理所当然地由那位小姐负责。

但令那位经理奇怪的是：坐车去大阪时他的座位总是在右边，而当他返回东京时，座位却都在左边，而且每一次都是这样，从来没有一次例外。

终于有一次，他忍不住问了这位小姐。

这位小姐微笑着对他说："我想外国的客人来到日本肯定都喜欢见到富士山那壮观的景色，所以我就给您做了这样的安排。这样您便可以一来一往都能见到富士山了。"

这位经理听到这样的话备受感动。他认为日本这家公司的员工能够在小事上都做得如此周到，与他们合作自然是毫无差错了。于是，他决定与这家公司增加 250 万马克的贸易额。

做好每一件小事情，就是关注细节，改进工作，避免错误，而这其实也是为团队创造效益与价值的行动。

在同一个岗位上，每个员工的能力其实相差并不悬殊。可同一件工作，有人能把它做得非常到位，近乎完美；而有的人则只是基本合格，重点就在于细节的把握。

因为，一位负责任的员工在对待自己的工作时，总是要求每一个细节都能得到完善。相反，没有责任心的员工在对待工作时，就是三个字：差不多。其实，差不多，有时就是差很多。有的时候，往往是一个细节的失败导致整个团队工作的功亏一篑。

凡事抱着能交差的态度，是很难有所作为的。因为做事不认真，不到位，每天欠缺一点，时间一久，欠缺的可就不再是一点点了。

看不到细节，做不好小事的人，说到底其实就是对工作缺乏认真的态度，是不负责任的表现。这种人对工作只是敷衍，无法把工作当成事业来经营。在他们眼中，工作是不得不做的苦差事，因而缺乏热情与投入。他们永远只能做别人分配给他们的工作，即使如此也不能完全做到位。

建筑大师凡德罗在总结自己成功的经验时只说了五个字：魔鬼在细节。在他看来，无论建筑方案如何宏大、精美，可如果细节把握不住的话，就永远不能称之为一件好作品。

阴沟里翻船，并不是运气不好，而是没有把细节做到位。马虎、自以为是的心态，往往是会在错误的时间、错误的地点犯下致命的错误。因此，从某种意义上来讲，细节也是责任心的体现。

能够把握住细节，做好每件小事，正是负责任的行为。

无论大事小事，忽略细节都会给工作造成不同程度的负面影响。正如卡耐基所说的：一个不注重细节的人，永远不会成就大事业。

同样，一个能够做好每件小事情，能把最简单的工作都做到最好的人，一定是一个对团队有高度责任感的人，这样的人正是推动团队发展的关键之人。

尽职尽责，让团队更出色

对于一个团队来说，想要提高团队的竞争力，就要注重培养成员的自我承担意识，真正地让人人学会自我承担，让人人做到尽职尽责。

因为在团队中的每一项工作都需要每个人的共同努力，任何一个人出现失误都会影响到所有人的努力。所以，为了更好地实现团队的目标，必须让团队成员清楚地知道，我们是一个整体，我们的所作所为都是相互联系的，只有每个人把自己的工作完成到最好，才有可能取得整体的最好结果。

试想，一个不敢承担责任的人，谁还会把工作交给他来做呢？所以，一名员工，无论在团队中担当什么职位，都应该对所在的团队整体负责，在面对问题时不能畏惧，也不能推卸责任，否则整个团队的发展会因为员工的不尽职尽责而受到极大的影响。

皮埃尔大学毕业后，在一艘驱逐舰上工作。这艘舰艇与其他两艘出自同一家造船厂、来自同一份设计图纸，在6个月的时间里先后被配备到同一个战斗群中。

派到这三艘舰艇上的人员来源也基本相同，船员们经过同样的训练课程，并从同一个后勤系统中获得补给和维修服务。

经过一段时间后，三艘舰艇的表现却迥然不同。

第一艘舰艇似乎永远无法正常工作，在训练中的表现也很差劲。船很脏，水手的制服看上去皱巴巴的，整艘船弥漫着一种缺乏自信的气氛。

第二艘舰艇恰恰相反，从来没有发生过大的事故，在训练后的检查中都表现优良。最重要的是，每次任务都完成得非常圆满。船员们也都信心十足，斗志昂扬。

第三艘舰艇，则表现平平。

造成这三艘舰艇不同表现的原因在哪里？

皮埃尔得出结论：因为舰上的指挥官和船员们对“责任”的看法不一。表现最好的舰艇是由责任感强的管理者领导的，而其他两艘则不是。

表现最出色的舰艇秉承的责任观是：无论发生什么问题，都要达到预期的结果。而表现不佳的指挥官却总是急于寻找借口，“发动机出了问题”，或者“我们不能从供应中心得到需要的零件”。

很多时候，如果员工尽职尽责总能够将事情做得更好。当员工总是为一些已经发生的事不停地找这样或那样的借口时，就不可能做到尽职尽责，这样事情只能往更糟糕的方向发展。

一位伟人曾说：“人生所有的履历都必须排在勇于负责的精神之后。”

同样，团队成员只有时时刻刻做到尽职尽责，才能使自己拥有最佳的精神状态，精力旺盛地投入到工作中去，将自己的能力发挥到极致。

我们在工作中也应该这样，努力地培养自己正确的责任意识，也努力地营造团队内良好的责任氛围，为了使团队向更好的方向发展尽职尽责。

李晓燕是公司的一名行政专员，在一次迎接参观组到公司参观学习的活动中，李晓燕被安排去接机，因为单位考虑到李晓燕在一些礼仪方面做得比较得体，让人觉得很自然、很舒服。当然，也有人认为，这么简单的工作安排李晓燕去，简直是大材小用，为何不在更加重要的场合让李晓燕去？

对于李晓燕来说，她觉得这份工作也是值得自己去认真做好的。她很积极地接受了这份工作，并且很认真地做了计划。她与对方单位确定了参观人员的航班、到达时间、人数、职务、年龄段，以及一些特殊方面的需求。然后根据这些情况做了具体的安排。

在接机的那一天，李晓燕按照自己的计划很好地完成了这次接机任务，给客户留下了良好的印象，也让客户有一份很好的心情进行接下来的参观学习，为接下来同事的工作开展奠定了很好的基础。

员工在团队工作当中，必须有一个很好的态度，对于团队交付的工作要认真地接受。李晓燕之所以能够得到大家的认可，很大原因就是无论什么工作，只要交到她的手上，她都会用心地去计划，很认真地完成。这样不仅能把自己的工作完成好，也能够配合好其他人的工作，可以促进整个团队的工作。

当员工很认真、很尽职地把工作做好的时候，不仅会让团队的工作顺利地开展，自己也会赢得同事和领导的信任和喜欢，工作也就会得到提升和进步。

作为管理者，要努力培养员工的承担意识和责任意识，鼓励员工为集体利益的追求和工作氛围的营造尽自己的一份力。因为每个人都希望自己能够有一些进步和提升，那首先就应该齐心协力地把团队的工作做好，提高团队的凝聚力和战斗力，让自己和团队共同进步。

第三章

沟通法则：让团队合作得更好

高品质的沟通，应把注意力放在结果上，而不是情绪上，沟通从心开始。

——翟鸿燊

有效的沟通取决于沟通者对话题的充分掌握，而非措辞的甜美。

——葛洛夫

如果希望成为一个善于谈话的人，那就先做一个智于倾听的人。

——戴尔·卡耐基

沟通才能更好地合作

沃尔顿曾说过："如果你必须将沃尔玛管理体制浓缩成一种思想，那可能就是沟通。因为它是我们成功的真正关键之一。"

在团队合作中，几乎每一件事都离不开有效的沟通，无论是给他人施加影响，还是为了理解他人的处境和想法，或者说服他人支持自己的建议或行动，都必须具备良好的沟通能力。

对于一个团队来说，成员越多，相互之间的关系就越复杂，越需要彼此之间进行沟通。只有确保团队成员之间畅通有效的沟通，才能确保整个团队拥有统一的意志和行动。

我们发现，如果事先沟通充分，工作中的大部分问题都可以避免。一个善于与别人沟通的团队成员，可以更好地将自己的想法为其他成员所理解与接受，得到他们的信任与支持，让整个团队充满团结协作的气氛。

公司就是一架庞大的机器，而每个员工就是机器上必不可少的零件，只有各个部分都正常运作，凝聚成一股力量，才能使机器正常发挥它的作用。所以，作为一名职场人士，尤其要加强个体和整体的协调统一。

所以说，打造和谐团队的关键之一，就是确保同事之间的有效沟通。

一个人无论再怎么优秀，也只能从自己有限的角度去思考问题。但若是团队里的所有员工都能进行有效沟通，一起参与到企业问题的解决和创新中去，那么在同事交流的过程中，必定会获得更多的灵感和启发，创造出前所未有的奇迹来。

而那些在职场中只埋头工作而不懂得合作的员工，久而久之他们的沟通协调能力会越来越差，对环境的适应能力也越来越弱，在工作中得到提升的机会将越来越少。如果不去积极地寻求改变，他们就只有选择沉沦或者逃避了，这样极不利于员工的职业发展，当然也会给企业带来不小的损失。

在一个公司内部，尤其是规模较大的公司，人员和部门众多，并不是一个人说一句话就能决定一件事的，很多工作都需要和其他部门、其他同事进行协调处理。在这个过程中，每个成员都必须交换和适应相互的思维模式，直到每个人都能对所参与讨论的事情有一个共同的认识。

说简单一点，就是要让他人明白你的意思，你也要懂得他人的意图，在彼此共同磋商中，找到最合理的解决问题的途径，这才是真正有效的沟通，其过程会随着团队成员间个体差异的大小而有所不同。

毋庸置疑，有效沟通是团队合作的关键。而有效是就沟通的效果而言的，沟通的目的是为了统一意志和行动，其结果也应该是正面的。

无论如何，和同事保持有效沟通在团队运作中起着非常重要的作用。它不但有利于管理者了解下属的心理，更好地控制局面，也能营造出一种和谐的企业文化，让员工在轻松愉快的氛围中学习、成长，为实现个人和团队的发展而努力。

在美国，沃尔玛公司的股东大会是全美最大的股东大会。每次大会，公司都会尽可能让更多的经理和员工参加，让他们看到公司全貌，做到心中有数。

山姆·沃尔顿在每次股东大会结束后，都会和妻子邀请所有出席会议的员工，大约2500人到自己的家里举办野餐会。在野餐会上，他们会和众多的员工聊天，大家一起畅所欲言，讨论公司的现在和未来。为保持整个组织信息渠道的通畅，他们非常注重收集员工的想法和意见，通常还带领所有人参加“沃尔玛公司联欢会”等。

通过这种沟通方式，沃尔玛既满足了员工的沟通和交流需求，同时也达到了自己的目的，让员工产生高度的责任感和参与感，意识到了自己的工作对公司的重要性。这样一来，感觉到了尊重感和信任感的员工们，会更加积极主动地争取更好的成绩。

在团队中，无论是情感的交流、他人的认同、利益和机会的获取，还是影响力的发挥，都需要通过沟通来完成。沟通能力已成为我们生存的核心能力，成为团队合作的决定因素。

沟通是工作的最重要的组成部分。要融入团队，就必须学会有效的沟通。它是保证一个团队和谐、有序进行的润滑剂。对于任何一个员工来说，打交道最多的不是上司，而是团队中的所有成员。大家几乎每天都在一块，一起工作，一起分享成功与失败、快乐与悲伤。

一个好的团队，必然需要经常交流，不管是团队目标，还是具体的工作细节，甚至是人际关系，都在沟通的范围之列。

团队成员之间都互相奉献和支持，遇到困难，相互鼓励、相互支持。这一切，没有真诚的沟通与交流，都是无法实现的。

相互尊重是沟通的基础

在有效沟通中，尊重是第一前提。任何一个人在和别人沟通的时候，掌握好沟通的语言技巧是非常重要的，而比掌握好语言沟通技巧更重要的是尊重。

尊重，就是要学会换位思考。

天下的事站在不同角度就会有不同的看法，过于执着于自己的角度和看法，排斥他人的意见，是不尊重他人的角度，也就是不尊重他人。

很多人都见过一种图片，正着看是一种形象，倒过来看又是另一种形象，很多事物都有这种两面性。看法取决于你的角度，而角度是可变的，在与他人意见相左的时候，要记住这一点。

有三个朋友，一个喜欢读书，一个喜欢喝酒，一个喜欢抽烟。第一个朋友经常劝另外两个朋友多读书。于是有一天，喜欢抽烟的朋友反问他："你为什么要读书？"

"因为我能从中得到快乐。"

"我抽烟也能得到快乐。"

第一个朋友不屑地说："那怎么能一样？读书可以增长见识，结交朋友。"

抽烟的朋友长叹了一声："这么多年的书，你白读了。"

我们可以不认同别人的生活和处世方式，但是却必须学会尊重他人的价值观。只有给予对方尊重才有沟通，若对方不尊重你时，你也要适当地请求对方的尊重，否则很难沟通或者说很难达到沟通的目的。

每一个人的价值观都不一样，每个人对事物的认知都不一样，一定是你对他错吗？

这个世界上很多事情实际上没有谁对谁错，问题是，常常有人想要去改变对方来符合自己的想法。

当我们跟别人交往时，相信双方都对对方有个期望，都根据对方的行为和言语来评断对方的为人。如果你能知道对方的价值观，双方就容易达成一致，而你也就可以预先知道对方的行为和真正的需要。

在平常的谈话里，如果你能仔细地倾听别人话里的用字，看看他反复用哪些字，你便能很容易地找出他所重视的价值所在，日后便能针对他这方面的需求，给予适当的鼓舞和激励。

如果你能尊重沟通对象的个人价值观念，那么你们的关系便能持久；如果你们的价值观完全不同，甚至不尊重彼此的观念，别说关系维持不久，可能连关系都不会有。

尊重不仅是一种礼貌，更是一个人的性格体现。一个懂得去尊重别人的人必定会得到信任，他人也乐于与你沟通。

在生活中体现对人的尊重也算是一种艺术。人类是群体的动物，而沟通是人类不可或缺的。每一个人所说的每一句话，都带有某种信息；不管是职场还是生活中的事，是喜悦抑或愤怒的表达，这一切都必须仰赖彼此的“沟通”。而要能有效地沟通，就必须在尊重的辅助下，才能事半功倍。在人与人相处之间，相互尊重是一个基础点，能否掌握就至关重要。

据说，有一天，苏东坡与老和尚一起打禅。

老和尚问苏东坡：“你看我打禅像什么？”

苏东坡想了一下，并没有回答，同时反问老和尚：“那你看我打禅像什么？”

老和尚说：“你真像一尊高贵的佛。”

苏东坡听了这番话，心中暗暗高兴。

老和尚说：“你还没回答我像什么？”

苏东坡心里想捉弄一下老和尚，便说："我看你打禅像一堆牛粪。"

老和尚听完苏东坡的话淡淡地一笑。

苏东坡高兴地回家和苏小妹谈论起这件事，苏小妹听完笑了出来。

苏东坡好奇地问："有什么可笑的？"

苏小妹斩钉截铁地告诉苏东坡，人家老和尚心中有佛，所以看你如佛；而你心中有粪，所以看人如粪。当你一味地贬低别人的同时，其实也是在贬低自己。

这个富有寓意的故事给我们的启示是：从批评者的言行中能看出其眼界和见识。人的心里想些什么，就会说出什么样的话，这正好反映出一个人为人处世的风范和内涵。

一个人在骂人的同时也成为别人讨厌的对象，用言语捉弄人，必定得不到对方的认同，也会失去别人的信任。而一个良好的沟通应建立在彼此尊重之上，这样才能达到谈话的效果。

沟通就像在跳交际舞，必须相互尊重，才能和谐地交流下去。

沟通的过程是基于相互尊重基础之上的收集正确的信息、给出好的信息和取得进展的过程。只尊重自己但不尊重别人会成为自大的人，没有人愿意与自大的人沟通。所以，对别人缺乏尊重会阻碍自己成为有效的沟通者。同样地，如果不尊重自己也会导致无效的沟通。如果我们自我评价很低，我们将不能说出我们的想法、目标、好恶。

所以，沟通过程中的尊重标准是指，我们要赢得别人的尊重，那么首先我们必须尊重自己；如果我们不尊重自己，没有人会尊重我们；其次我们要尊重他人，要表现出对别人的尊重，同时赢得别人对自己的尊重。所以尊重是双向的。

这就是相互尊重的真正含义，尊重他人也尊重自己，没有这一点，成功的沟通是不可能的。这也促使我们努力获得和给予好的信息。如果这些都做得好而彻底，取得进展就是水到渠成的事情了。

记住，在职场中，你不可能喜欢每个人，但是你必须尊重每个人。

有效沟通决定团队的业绩

企业是一个需要员工共同团结合作的集体。在这个集体中，员工之间必须做到密切配合，才会让整个企业所向披靡，而做到有效配合的前提就是企业的员工之间要进行有效沟通。

据统计，现代工作中的障碍，50% 以上都是由于沟通不到位产生的。一个不善于沟通的员工，不但会让别人产生误会，而且难以与别人一起完成一项大事业。

在 2006 年世界杯赛上，巴西队虽然三战全胜小组出线，但存在团队沟通不畅的问题。这些问题被带到了与法国队的四分之一的比赛中来。

由于主教练与队员之间、队员与队员之间没有及时有效地沟通，无法了解彼此的意图和想法，没有办法达成共识、协调一致，从而无法发挥出团队的整体优势，最终无缘大力神杯。

没有沟通就没有成功的团队合作，没有成功的企业。企业的成功源于沟通。只有进行有效的沟通，才能分工协作，才能使大家的力量形成合力。否则的话，团队成员就可能处于一种不协调的状态，这样怎么可能创造更大的效益呢？

《圣经·旧约》说：人类的祖先最初讲的是同一种语言，他们能相互沟通，彼此合作，力量越来越大。后来，他们在底格里斯河和幼发拉底河之间发现了一块异常肥沃的土地，于是就在那里定居下来，修建城池，建造起繁华的巴比伦城。

在那里，人们相互沟通、交流，日子越过越好，最后他们决定在巴比伦城修一座通天的高塔，来传颂人类的赫赫威名，并作为集合全天下弟兄的标记。

因为大家语言相通又团结一心，阶梯式的通天塔修建得非常顺利，很快就高耸入云了。

上帝得知此事后，立即从天国下凡视察。

上帝一看，又惊又怒，惊的是小小的人类何以如此强大，怒的是凡人怎么能达到上帝的高度。

细细一琢磨，上帝发现人类如此强大的原因在于他们讲着同样的语言，相互沟通，彼此合作。

上帝心想：人类今天能建起这样的巨塔，日后还有什么事办不成呢？

于是，上帝决定让人世间的语言发生混乱，使人类无法进行沟通。从此，人类讲着不同的语言，感情无法沟通、交流，思想很难统一，无法齐心协力地完成一件事情，甚至还互相猜疑，各执己见，争吵斗殴。就这样，修建通天塔的工程因此而停止了。

这个圣经故事流传久远，寓意更是深刻——沟通在团队合作中的作用如此之大。沟通带来理解，理解带来合作，合作就产生了效益。如果不能很好地沟通，就无法理解对方的意图，而不理解对方的意图，就不可能进行有效的合作。

这对于管理者来说，尤其重要。一个沟通良好的企业可以使所有员工真实地感受到沟通的快乐和绩效。加强企业内部的沟通，既可以使管理层工作更加轻松，也可以使普通员工大幅度提高工作绩效，同时还可以增强企业的凝聚力和竞争力。

1. 员工应该主动与上级沟通

一般来说，作为上级要考虑的事情很多很杂，许多时间并不能为自己完全掌控，因此经常会忽视与部属的沟通。更重要的是，上级在下达命令让员工执行后，自己并没有亲自参与到具体工作中去，因此没有切实考虑到员工会遇到的具体问题，总认为不会出现什么差错，导致缺少主动与员工沟通的意识。

因此，员工尤其应该注重与上级的沟通。作为员工，应该有主动与上级沟通的意识，这样可以弥补上级因为工作繁忙和没有具体参与执行工作而忽视的沟通。

2. 上级应该积极和部属沟通

高效沟通是优秀的管理者必备的技能之一。上级一方面要善于向更上级沟通，另一方面还必须重视与部属沟通。许多上级喜欢高高在上，缺乏主动与部属沟通的意识，凡事喜欢下命令，忽视沟通管理。

对于上级来说，“挑毛病”尽管在人力资源管理中有着独特的作用，但是必须讲求方式方法，切不可走极端，“鸡蛋里挑骨头”。

挑毛病必须实事求是，在责备的同时要告知员工改进的方法及奋斗的目标，既让员工愉快地接受，又不致挫伤员工的积极性。

3. 沟通是双向的，不必要的误会都可以在沟通中消除

沟通是双方的事情，如果任何一方积极主动，而另一方消极应对，那么沟通也是不会成功的。所以，加强企业内部的沟通管理，一定不要忽视沟通的双向性。

作为上级，应该要有主动与部属沟通的胸怀；作为部属也应该积极与上级沟通，说出自己心中的想法。只有大家都真诚地沟通，

双方密切配合，我们的企业才能发展得更好更快！

沟通是每个人都要面临的问题，也要被当作每个人都应该学习的课程。

良好的沟通才能更好地进行团队合作。唯有如此，才能真正打造一个沟通良好、理解互信、高效运作的团队。

鼓励员工主动与领导沟通

身在职场中的员工，都避免不了要与自己的领导进行沟通，沟通的效果将直接影响到个人前途的发展。

与领导有效沟通，不仅可以减少矛盾与冲突的发生，还能使双方的关系更加和谐融洽，从而有利于自己获得更多加薪晋升的机会。

相反，如果总是把不良情绪积压在心底，即使有强烈的反对意见也不发表，那么不仅会影响上下级之间关系的正常发展，还可能会导致工作无法顺利进行。

查理所在的公司要进行人事调动，负责人丹尼尔对查理说："把手头的工作放一下，去销售部工作吧，我觉得那里更适合你。你有什么意见吗？"

查理撇了撇嘴，说："意见？您是负责人，我哪敢有什么意见！"

实际上，他的意见大得很。

当时销售部的状况特别糟糕，他想："这一次人事变动把我调到那个最不好的部门去，肯定是负责人丹尼尔搞的鬼，见我工作出色就嫉妒得要死，怕抢了他的位置。好，你就等着瞧吧，我会让你难堪的。"

来到销售部以后，查理的消极情绪非常严重，总是板着一副脸孔，对同事爱理不理，别人主动和他打招呼，他只是应付地点一下头，一来二去，同事们渐渐疏远了他。

有一天，一个客户打来电话，刚好丹尼尔不在，查理接了电话。

客户请查理转告丹尼尔，让丹尼尔第二天到客户那里参加洽谈会，请丹尼尔务必赶到，有非常重要的生意要谈。

查理认为这是绝好的报复机会，就当成什么事也没发生一样，吹着口哨溜溜达达地回家了。

第二天，丹尼尔将他叫到办公室，严厉地说："查理，客户那么重要的电话你怎么不告诉我？你知道吗？要不是客户早晨打电话给我，一笔一千万美元的大生意就白白地溜走了！"

丹尼尔看了看查理，见他一副毫不在意的样子，根本没有承认错误的迹象，便说："查理，说实在的，你的工作能力还不错，但在为人处世方面还不够成熟，我本想借此机会锻炼你一下，可你却暗中给我使绊子。你知道吗？部门的前途差一点儿就毁在你手里。你没能通过考验，所以我现在只能遗憾地宣布：你被解雇了！"

鉴于此案的教训，这家公司高层管理者专门召开了一次名为"张开你的嘴巴"的会议，强调并鼓励所有员工要与上级多多进行沟通，因为它既有益于团队之间的团结合作，又能通过沟通增加彼此之间的信任，同时也能避免查理那样的悲剧上演。

上下级之间的关系，如同相互摩擦而又相互促进的齿轮，只有以沟通作润滑剂，并经常为这副齿轮润滑，相互促进的时候才会多一点儿，相互摩擦的时候才能少一点儿，一部机器才能正常顺利地运转。

反之，如果缺少必要的沟通，那么上下级之间就会出现问题，特别是当彼此的关系出现隔阂时，问题就很难解决，矛盾就会进一步激化。

如果员工一味地我行我素，遇到分歧意见或遭遇困难也不与领导进行必要的沟通，努力使双方达成共识并齐心协力，那么结果只能是自食其果。

因此，我们应该鼓励员工积极主动地与领导进行沟通。只有不断积极主动地与领导沟通，才可能赢得赏识和器重，个人前途才会有发展。

安婷婷在一家化妆品公司做财务，自从上班的第一天起，她就踏踏实实地工作。

虽然她的工作能力很强，但她一直停在那个位子上，没有获得晋升。原因是她不善于主动与领导进行沟通，许多事都等着领导亲自来找她。

后来，由于工作上的竞争，她被同事“踩”在了脚底下。

安婷婷吸取了失败的教训，积极总结经验，又以全新的面貌到另一家公司上班。

一个月后，她接到一份传真，上面说她花了两个星期争取到的一笔业务出现了问题。如果在以前，她会等领导来找她，她再向领导汇报，但现在她马上就去找了领导。

领导正准备打电话给这位客户谈生意，她就在此之前将情况向领导做了汇报，并提出具体的建议。领导掌握了这些材料后，与客户交谈时顺利地解决了出现的问题。

此后，安婷婷常常主动向领导汇报工作上的情况，及时进行良好的沟通，并在销售和管理方面提出了一些不错的方案，得到了领导的认同。不久后，她就被提升为业务主管。

要想与领导沟通并不难，即使偶尔出现不愉快，也很快就能过去。领导曾经也当过下属，也是有血有肉的人，只要员工与领导积极沟通，一切问题都会得到解决，从而促使上下级合作融洽、工作顺利进行。

表达清楚才能更好地被人理解

某一天，一个人在山间小路开车，正当他优哉游哉地欣赏美丽风景时，突然一辆货车越线逆行向他冲来，而且司机还摇下窗户，对着紧急避让的他大喊一声："猪啊！"

这人越想越纳闷："分明是你越线，怎么骂我？"刚想到这里，又有一辆小汽车越线逆行冲过来，司机同样向着他大喊了一声："猪啊。"

这人越想越生气，于是他也摇下车窗回头大骂："你才是猪！"

话音未落，他的车迎头撞上了一群过马路的猪。

听完这个故事不禁让人哈哈一笑。但笑过之后，在职场中的沟通是不是常常也有这样的误会发生。而这些误会就是源于不理解。很多时候，是我们自己表达不到位，却怪别人不理解我们。

人们常说：不怕你没知识，就怕你不懂表达。

在职场中，几乎人们从事的任何一项工作都是需要与其他人进行沟通协作，共同来完成的。在这个过程中，我们最怕遇到的不是那些没有经验的人，也不是那些没有高学历的人，更不是那些智商平庸的人，我们最怕遇到的是那些不善于沟通、不会表达自己的人。

有一个办公室起火了，主管对刚走到门口并不知情的员工说："快拿桶水来！"员工边走边想：拿水干什么？水龙头在哪里？水桶在哪里？他想起最近的就是走廊尽头的洗手间有水和水桶。于是他马上冲到洗手间，拿水桶接了满满一桶水，提到办公室。但等他到了一看，原来是主管的办公室着火了！员工直埋怨："早知道是救火，附近就有灭火器，何必要跑到远处去接水呢？"

如果主管对员工说："着火了，你赶紧给我拿水来救火！"

这位员工脑袋里就会想：要救火，赶紧！但是救火不一定非要用水，用附近的灭火器不是更快更有效果吗？

有些人就是因为不能够有效地表达自己从而导致工作进程耽搁，甚至影响工作项目的顺利进行。

现代职场的工作节奏本来就很快，因此人们都不太愿意同表达能力差的同事共事。若你的手下刚好就有一个不能够有效表达的人，那么久而久之你就会发现，同事们都不太愿意与他共事。

"这人真的是脑子太笨了，总是听不懂我说什么。"说这样的话时你有没有想过：其实很有可能是你自己的问题，不会用对方能听懂的语言去表达。

沟通的目的是形成共识，取得理解。所以，表达的好与坏，是以对方的理解为唯一衡量标准的。

沟通不在于你的演说技巧有多么的流利，也不在于你说得多么有道理，多么正确，沟通没有对与错之分，只是有没有效果的区别。而效果的决定因素，是对方的回应，对方听懂了多少。

任何人想要发挥影响力，最具体的方法，就是通过沟通。

艾森豪威尔将军曾说："我宁愿说服某个人与我同行，因为我一旦说服他，他就会紧紧相随。要是我恐吓他，那么只要他怕我一天，就会留在我身边一天，但最后还是会一走了之。”

他所提到的说服，就是一种沟通能力的表现。很多人一提起沟通就认为是要善于说话，其实，职场中的沟通既包括你发表自己的观点，同时还包括对方接受你的信息。不论我们所用的言辞多华美，如果我们所说的不能被对方理解，那就仍然达不到沟通的效果。

所以，在工作中，首要掌握的技能就是有效表达。这就要求我们一方面要锻炼自己准确表达实际意图的能力；另一方面要求我们在与人沟通之前要做足工作，充分理解自己要表达的内容是什么，要达到的目的是什么，需要对方给予的支持是什么。

沟通方式要因人而异

美国老板：“完成这份报告要花费多少时间？”

希腊员工：“我不知道。”

美国老板：“你是最有资格提出时间期限的人。”

希腊员工：“10天吧。”

美国老板：“你同意在15天内完成这份报告吗？”

希腊员工没有作声。（认为这是命令）

15天过后，美国老板又问：“你的报告呢？”

希腊员工：“明天完成。”（实际上需要30天才能完成）

美国老板：“你可是同意今天完成报告的。”

第二天，希腊员工递交了辞职报告。

导致这个结局发生的原因就在于老板与员工沟通不到位，希腊员工不能明确表达自己的工作状态，不能让老板明确工作的难度以及自己的工作进度和工作状态，所以才导致这种结果。

在人与人的沟通过程中，由于每个人的观念、习惯等的不同，在沟通过程中，对同样的事情或谈话会有不同的理解。

在故事中，美国老板问希腊员工完成报告的时间，实际上是在征求希腊员工的意见（这与美国管理的传统习惯有关）。而希腊员工并非不知道完成报告所需要的时间，只是想让美国老板下命令（希腊员工习惯于命令式的管理）。15天过后，美国老板要报告（要信守承诺），而希腊员工已经尽力把30天的工作用了16天完成了（并且认为延迟些时间没有问题）。希腊员工认为美国老板找麻烦，因此不得已而辞职。

在沟通过程中，因为两个人对于同一件事、同一句话的理解不同，而导致沟通不成功的例子不乏少数。

因此，要认识和掌握在沟通过程中的个体差异及其影响，从而保证沟通的有效性。

有这样一个小故事：

有一把坚实的大锁挂在铁门上，一根铁杆费了九牛二虎之力，还是无法将它撬开。

钥匙来了，它瘦小的身子钻进锁孔，只轻轻一转，那大锁就啪的一声打开了。

铁杆奇怪地问：为什么我费了那么大力气也打不开，而你却轻而易举地就把它打开了呢？

钥匙说：因为我最了解它的心。

沟通好比是在解锁，要选对钥匙，更要选对需要解开的锁。因为，只有特定的钥匙才能够解开特定的锁头。

每个人接受信息的思维模式都是不一样的。这就需要我们制定出相应的语言模式来满足不同人接受信息的思维模式，只有这样，我们才能够与之进行有效的沟通。一种话需要十种不同的说法，反映的就是这个道理。

还有你要懂得的是，反映一个问题的内容是可以有很多方面的，范围也可以很广泛，但并不是一定要把全部都说给你要与之沟通的人听，因为他只会关心与他有关的内容，所以，你要与他沟通的内容就是这一部分，而不是其他的。

另外，每个人都是有着自己的性格和爱好的，所以，我们在与之沟通的过程中所做的方方面面都要迎合这个人。要做好这些，同样也需要你明确沟通的对象以及对沟通的对象进行充分的了解才能够做到。

实现有效沟通，不仅要知己知彼，合适的时机和沟通方式也很重要。

沟通因人而异，个体的性格在很大程度上会影响到与人沟通的方法和结果。

在与上级领导的沟通中，更要注意使用恰当的方法，来取得领导对我们才能的认可。在与下级的沟通中，要注意表达的方式，千万不要让下属觉得自己是在命令他。在与同事之间沟通时，我们要用彼此都能理解的方式，快速而准确地传达意思。

很多时候，如果我们一味地用自己的方式去和别人沟通，是达不到沟通的效果的。如果对方听不懂你的“话”，那么你就要换一种方式去表达了，不然对方永远听不懂。而这个时候，我们不可能想着别人来改变适应我们，而是应该改变自己的沟通方式，尝试用不同的方法去做沟通。

善于倾听，营造合作的氛围

现实生活中，有些人以为沟通就是“听我说”。其实，能让沟通具有意义的，并不是会说话的人，而是会倾听的人。

好的沟通是双向的，如果只有人说而没有人听，就不可能沟通，说话的人只是制造出一些声音而已。

沟通大师戴尔·卡耐基认为，在沟通的各项功能中，最重要的莫过于倾听的能力。倾听不仅可以使对方产生亲近之感，缓解对方的压力，促进其工作效率的提高，还可以使我们更深入地了解对方和他要表达的意思，为以后的交往打下基础。

张林是个善于倾听的人，他做业务有一段时间了，客户对他很满意。

有一次，他按照重要客户的要求陪同其去娱乐场所玩，回来后请财务人员给他报销。结果财务人员态度粗暴地对他说："你第一天来上班啊？出去玩的门票也能拿来报销？"

张林一听就是一愣：今天这是怎么了？就算不能报销，你也不至于这种态度啊！我也没得罪你啊！

但是他看到财务人员的脸色时，还是决定忍下心中的不快。

于是他不慌不忙地说："今天这是怎么了，谁得罪我们财务大人了，拉出去砍了！"

财务人员被他的话逗乐了，就跟他讲，很多业务员都拿不符合规定的票据找他报销，他根本没办法报，一天下来工作量这么大，他哪有时间帮别人索取发票！

他对张林抱怨面临的压力，张林微笑地听着。

财务人员讲完后，张林笑着说："原来是这么回事啊，你说吧，我要开什么样的发票来，公司才给报销？我这就去开。含税还是不含税？"

财务人员看张林这么爽快，也很爽快地给他讲要开立什么样的票据，需要注意哪些问题，张林很快就开好了票据，拿回来报账。

财务人员对张林说："你真是不错，有几个业务员真不自觉，我都跟他们说过多少次了，他们也不记得。为了这个，我还和他们吵过架！要是业务员都像你这样，我就省心了。"

张林因为善于倾听，使问题很快就得到了解决。若是他也固执地和财务人员进行争辩，不但会让财务人员更加烦躁，问题也得不到解决。

在一个企业的运行中，上下级之间、同事之间常常需要通过沟通来完成各自的工作。但是，在这个过程中经常会存在沟通不畅的问题，原因就在于，大家都抢着说，以为说得多就可以让对方理解自己或者让对方接受自己的意见。却没想过，这个时候，最关键的不是怎么说，而是应该怎么听。

不管谁在说话，如果你心里认为倾听是一个提高你与说话者之间亲和力的机会，一个学习或收集信息的机会，而不是把倾听视作提出你自己观点的机会，那么你将发现双方的交流会变得相当容易。

让别人知道你在倾听很重要，这有助于他们确定自己的意思是否表达得很清楚，礼貌周到，令人尊重。可以通过各种方式表现出你的注意力很集中，一些简单的变化就能够大大提高你的倾听技巧。

1. 附和的语言

在倾听时我们可以对对方做出一定的附和，这样显示出你在认真倾听，对方也会感受到他们得到了充分的关注，如发出鼓励性声音，比如，"嗯""对""继续……"

重复重点词句，比如："下星期二送达，好。"

这里有几种情况是需要避免的，比如打断对方的讲话；不停地询问次要的细节，等等。

2. 开放的姿势

在沟通中表现出开放和自信的形体暗示是很受欢迎的。在人际沟通过程中表现出开放的姿态非常重要，这样你会给其他人一个这样的信号：我真诚地努力表现出自己真实的思想。开放式的姿势常引起对方同样的开放式的姿态。

有的人在同别人谈话时，由于害羞紧张等原因，习惯于把双手紧紧抱在胸前，双脚并拢，头低低地埋着，这种封闭式的身体姿态留给别人的是一种拘谨、缺乏自信、不信任人的印象。在很大程度上，这种印象会影响双方之间坦诚的沟通。

因此，在沟通时我们也要注意自己的姿势，一般来说，采用开放式的姿势，比如伸展一下双手，松一下衣服扣子或领带，还有放松一下四肢，双手随意地搭在扶手上，脚自然地摆一个舒服的姿势，身体前倾，头稍稍仰起等，这会拉近双方的距离，使交谈变得更自然更随意。

相反，紧缩双臂、夹紧双腿等相关的动作则表现出一种自我防御的封闭式形体暗示，这些动作都带有制造不愉快气氛的意味。

3. 适当的身体接触

这里的接触主要是指身体上的适当接触，当与别人谈话说到激动时，不妨拍拍对方的肩以表达你的兴奋之情，并进一步与对方产生共鸣；或者当别人向你倾诉委屈或烦恼时，你也可以轻握对方的手，摸摸对方的头发等以表达你对他的理解和关怀。

当然，在异性之间，身体接触的方式就要慎重。

4. 目光交流

眼睛是心灵的窗户，科学家研究表明，有 70% 以上的信息都是通过眼睛获取的。

与说话者进行目光交流能鼓励对方继续说下去。但眼神的接触是很有讲究的，如果双眼直接毫无顾忌地盯着别人看会让人感到局促不安，不管与谁交谈都要记住千万不要直视对方的眼睛；闪烁不定的眼神则让人觉得虚伪，这样不可取；温柔平和的眼神才是最让人轻松和舒服的。

5. 微笑

戴尔·卡耐基先生曾说过这样一段令人深思的话，不论你到何处，以愉快的心情、甜美的微笑去招待每个你认识的人，诚恳地与人握手，不要怕表错情，也不要嫉恨人，时时想着快乐的事，久而久之你就会发现自己的生活充满乐趣，自己的目标已唾手可得。

真诚的微笑是任何一个人都不会拒绝的，微笑不但会让别人心情愉快，也会让自己获得快乐，在与他人交谈时面带微笑可以让思想的沟通更容易更顺利。

6. 点头

在与他人的交谈中适度地点头，是尊重对方的表现，是对别人谈话的积极反馈。它既表示你在认真倾听别人讲话，也表示你理解或者同意了对方的意思。

适度地点头可以促使谈话顺利进行，增进人与人之间的感情沟通。

此外，还要注意点头时眼睛最好能够望着对方，试想一个人在交谈中一边对你点头，一边东张西望，你会有何感受呢？

总之，恰到好处地让对方知道你在认真倾听很重要，它能促使双方更亲切更友好地沟通，这对你的交谈将会大有裨益。

用沟通化解团队中的冲突

一个企业内部之所以会产生内耗，很大一部分原因是其中的员工之间存在误会，并且这种误会没有得到及时的消除。同事之间进行及时的沟通是非常必要的，这样才能及时化解员工之间的摩擦，减少企业的内耗。

从表面上说，沟通就是说话，看似是件容易的事情，但是要让沟通达到有效、高效，就不那么容易了。

有人说，如果世界上的人都能够很好地进行有效的沟通，那么就不会引起误解和矛盾，甚至就不会发生战争。但事实上，人与人之间的误解和矛盾经常发生，世界上的战争从古到今几乎不曾中断过。

在团队中，团队成员朝夕相处，即使再小心谨慎、左右逢源，也还是不可避免地会与其他成员之间产生矛盾，那么怎么才能化解矛盾呢？

星期五的晚上，王扬被同事拉去喝酒，边喝边聊，喝得高兴过了头，就忘了时间。自然，王扬把老婆交代的“早点回家”的话忘得干干净净。

王扬的老婆在家精心准备了丰盛的“烛光晚餐”，等着老公回来浪漫一番。为此，她还专门在电视上学了几道菜，一下班回来就忙开了。做好饭之后，她还特地铺上了洁白的桌布，熄了灯，点上了两支蜡烛。

但是等到墙上的挂钟指向了九点的时候，还没见王扬回来。她坐在沙发上等得有些急躁，刚才做饭时高兴的心情已经荡然无存，只剩下焦急和牵挂。

菜凉了又热，热了又凉，摆好的造型也因为多次翻动变得面目全非，一番心血算是白费了。看着变了样的菜，王扬的老婆一股怒火从心头蹿起，她愤怒地打开电灯，吹灭了蜡烛，气冲冲地坐在沙发上等王扬回来算账。

当王扬带着一身的酒气很晚才回到家时，一进门，看见老婆板着脸，马上意识到不妙，再一看餐桌上摆好的碗筷，桌上纹丝未动的菜，蓦地想起来老婆那句“早点回家”的叮嘱，随即明白自己已经犯下了“不可饶恕”的错误。

王扬脑海里想了一番，灵机一动，想出一个办法。他装出一本正经的样子，问：“我没走错门吧？”

本来一肚子怒气的老婆听了这句话，“扑哧”一声乐了——他们隔壁住着一名法官。

王扬一看，老婆阴云密布的脸上已经有所好转，赶紧趁热打铁，向老婆做了检讨，并解释了这次晚归的原因。

王扬的老婆刚才怒气已消了一大半，再听了王扬的一番“花言巧语”，便转怒为喜，原谅了王扬的晚归，一场家庭风波就这样无声无息地消失了。

在一个团队中，人与人之间难免会有矛盾和冲突。其实，出现矛盾和冲突并不是多么可怕的事，可怕的是人们不知道如何化解这些矛盾和冲突。有些人就消极地对待，不去积极解决而是幻想矛盾自然而然得到化解，导致问题越来越复杂。很多时候，因为矛盾，而让彼此的工作都不能顺利进行。

这个时候，团队成员更需要及时沟通。因为沟通是化解矛盾和冲突最好的办法之一。通过沟通，大家才能相互理解，使团队重归和谐。

第四章

忠诚法则：队伍稳固的基石

忠诚是人们心目中最神圣的美德。

——塞内加

忠诚的高尚和可敬，无与伦比。

——埃勒里·奎因

你若想证实你的坚贞，首先证实你的忠诚。

——约翰·弥尔顿

忠诚的员工才能为团队保驾护航

丰田公司发生过这样一个故事：

一个丰田公司的老员工，在他第一次正式约见女儿的男朋友时，就郑重地对未来女婿提出："我无其他要求，只是希望以后你的家人和你们自己买车必须买丰田车！"这位老员工对丰田公司的忠诚可见一斑。

一个员工只有忠于公司，才能和公司成为一个共同体。

我们绝大部分人必须借助一家企业或单位来寻找自己的职业前途，这也就意味着作为一名员工，必须无条件地投入自己的忠诚与责任心。这是企业能得以健康发展的基本保证。

换句话说，企业发展了，员工的个人切身利益才有保障。所以，忠于自己的企业，其实就是忠诚于自己，对自己负责。

某企业的销售部经理和高层发生意见分歧，双方一直未能达成共识，为此，这位经理耿耿于怀，准备跳槽到另一家竞争对手的企业。

这位经理一方面是出于私愤，另一方面是为了向未来的"主子"表忠，便想尽一切办法把企业的机密文件和客户电话全部打电话或传真给各市场经销商，使得市场乱成一团，并引发了很多市场纠纷，从各地市场打来的电话几乎将公司电话打爆。

这还不算，他还打电话给当地工商、税务，说企业的账目有问题，虽然最后查证无此嫌疑，但却给公司名誉带来了损害。

当这位经理带着满意的“成果”去向竞争对手企业邀功请赏时，没想到热屁股遇上了冷板凳，未来“主子”见他这般对待老东家，便开始担心：谁知道他以后又会不会如法炮制对待自己的企业呢？身边有这样的一个人，不就像埋下了一颗随时可能爆炸的定时炸弹吗？谁还敢用？结果自然是没有录用他。

忠于企业、忠于老板，也就是忠于自己；背叛企业、背叛老板，也就意味着背叛自己。

一个成功学家说：“如果你是忠诚的，你就是成功的。”

任何企业都不缺乏专业高手，缺少的是那种既有能力又有忠诚度的员工。因此，“德才兼备”成为企业最渴望的员工素质。倘若德与才能难以兼备，大多数企业也宁愿选择一个能力一般却绝对忠于企业的员工。

某家企业的一位技术员被猎头公司相中，而这家企业当时正处于困境之中，被竞争对手打压得喘不过气来。更可怕的是，对手通过种种手段挖走了大批的技术人才，甚至是重金收购公司的绝密数据资料。这名技术员就是对方盯牢的目标之一。

对方公司派人私下找到这名技术员，开出高价要求购买他手中的技术资料。结果出人意料的是，这名技术员愤怒地拒绝了，并表示只要他还在公司一天，就绝不会出卖公司任何机密。对方灰头土脸地回去复命了。

技术员所在的企业终于没能撑下去，最后宣告破产，技术员也随之失业。

迫于生计，这名技术员来到了从前的对手公司应聘一个普通技术岗位。递交求职材料的第二天，公司的技术高管就亲自接见了他，并当场拍板决定予以录用。

这样一来，反倒弄得这位求职者有点不知所措了。

看到迷惑不解的技术时，负责人笑了："我们知道你，你就是那个让我们感到很丢人的员工。我们愿意聘请你，除了你的能力外，更主要是你的那份忠诚。"

凭借着忠诚与努力，这名普通技术员深得上司信赖，很快就脱颖而出，一步步升到了技术主管的位置，几年后便进入了公司的高级管理层。

一个忠诚的员工，才会全心全意地投入到企业的发展中去，让自己和企业成为一体。这样的员工比其他人更在意企业，更关心自己的工作，他们努力的气场无形中会影响到周围的人，从而获得同事的敬重、领导的信任，得到更好的发展机会。

从现在开始，作为管理者，我们就要留心自己的手下有哪些员工是对团队忠心耿耿的，因为他们的忠诚会为企业的发展保驾护航。

把团队的事当作自己的事

在工作中，常常有许多人认为不论自己为团队付出多少，所收获都的是那么一点，过多地付出反倒是"为他人作嫁衣"。于是，他们便抱着"我只是团队的一员，我只要做好自己的工作就行了，团队发展是要靠大家"的想法来对待工作。

事实上，这些想法不仅不利于团队的发展，也不利于个人自身的发展。

因为，抱着这样想法的人，必定会在工作中斤斤计较，有时只求安逸，不求上进，这样很难为团队的发展做出贡献。而他的不思进取，也会阻碍自己的发展。

很多人都没有意识到一个问题，那就是团队的命运其实就是团队成员的命运。团队与个人是“一荣俱荣，一损俱损”的关系，员工只有把团队的事当作自己的事，他们才能让自己有更好的发展。

某公司的研发部门一直以来都是模范部门，每次的工作任务都能够很圆满地完成，出色的工作得到了客户和总公司的肯定和认可。

之所以研发部门能够取得如此优良的成绩，就在于整个部门的人员都把部门的整体发展作为自己最重要的工作。

为了让部门的表现更好，大家都在不断地学习专业技术，努力将自己的最好业务水平发挥出来。而且每一名工作人员都能够自觉承担起自己的工作，同时不忘辅助性地帮助大家做一些公共的事情。

因为研发部门的同事都深刻地意识到，只有整项任务的顺利完成，才能够发挥自己的工作价值。这样，每个人都有着强烈的进取心，也会在接受任务的时候不逃避，积极承担。

每次项目下发时，大家都会根据自己的能力自发选择要负责的工作，然后也会很主动地在别人需要自己的协助时，毫不吝啬地给予帮助。整个部门的工作氛围一直很轻松、很融洽，很有向心力，工作也是完成得越来越好，每个人获得的奖金也越来越多。

一个团队的成功离不开每个人的努力。

像事例中的研发部门，每一位成员都能够自觉地将部门的任务当成自己的工作任务，而且也会把自己的能力毫不保留地展现出来，不怕做的事情多，也不怕付出的努力多，只要自己有这个能力，都会毫无怨言地承担起工作的重任。也正是因为这样，部门的工作业绩才越来越好，每个人的价值也会变得越来越大。

一个将团队的事当成自己的事的人，不但能够明确传达团队的目标，还能够清晰地告诉其他成员所应该承担的具体工作。最重要的是，他们总是以身作则，带头行动，成为团队之中的榜样。

有一位年轻的工程师，在一家跨国公司工作。

有一天早上，他到一家电器城去购买家电。正当他在挑选的时候，无意中听到有人抱怨他所工作的公司服务差劲极了。那个人越说越起劲，结果有八九个人都围过来听他讲。

当时他正在休假，他自己还有工作要做，老婆又在等他回家。他大可以置若罔闻，只管自己的事。

可是工程师却主动走上前去说道："先生，很抱歉，我听到了你对这些人说的话，我就在这个公司工作。你愿不愿意给我一个机会改善这个状况？我向你保证，我们公司一定可以解决你的问题。"

那些人都非常惊讶，因为工程师当时并没有穿公司的制服。

他掏出手机，打了个电话回公司，公司立即派出修理人员到那位顾客家中去等他，帮他把问题解决，直到他心满意足为止。

后来工程师还多做了一步，他回去上班后，还打了个电话给那位顾客，确定那位顾客是否对一切都满意。

工程师事后受到了公司负责人的高度赞扬，并号召公司全体员工向他学习。

每一个团队都由不同的成员组成，每一个成员的所作所为，都将影响整个团队的运作。

如果员工不能将团队的事当成自己的事，整个团队就会因为他一个人的失职而出纰漏，所有人的利益都将因为他而遭受损失，其中也包括他自己的利益。

其实，一旦员工加入了某个团队，就与团队的命运紧密地连在了一起，团队的兴衰荣辱也就是员工个人的兴衰荣辱，团队的事就是员工的事。

现代企业缺乏的不是有才华的员工，而是真正能做到与团队同呼吸、共命运的员工。只有这样的员工才能将团队的事当成自己的事，对团队倾注自己的热情，帮助团队创造更多的价值与财富。也只有这样的人，无论团队繁荣还是衰败，都能做到与团队共同进退。

以团队的利益为重

在正常情况下，大多数员工都能做到以团队的利益为重，但是当团队的利益与个人的利益发生冲突时，我们的员工是否还能够坚持以团队利益为先呢?

在一个团队里，个人利益与团队利益出现冲突是常有的事。如果这个时候不能做出正确的选择，对团队对个人都会造成极大的伤害。

周伟是一家投资公司的业务经理，具有敏锐的洞察力，经常在瞬息万变的股市中发现商机，并能果断地买进卖出。到公司一年，便为公司赚了一大笔钱。

在年终的总结大会上，公司经理特地邀请周伟坐到自己身边，他高度赞扬了周伟的工作能力，也直言不讳地说公司在股市里的赢利主要归功于周伟。

周伟听后，心里很受用，因为他自己也是这样认为的。他甚至认为自己是公司员工的“衣食父母”，因为他为公司赢了利，而有的同事却给公司造成不小的损失。

但是，在会议结束后，当周伟打开“红包”，看到公司的年终奖与自己的期望值相差甚远时，一种失落感油然而生。

但他当时并没有表现出来，而是把抱怨和不满压在了心里，并私下里想一定要通过其他方式为自己讨回“公道”。

后来，周伟偷偷地利用自己手中掌握的公司账户，私下里进行了几次交易，并将其赢利装进了自己的腰包。

另外，他还私下抽出公司的部门资金，借给了一个做生意的朋友作短期周转。

公司在一次例行财务检查中，终于发现了他挪用公款私自炒股和资金他用的行为。

这种因个人利益得不到合理的回报而损害团队利益的事情，在现实生活中并不少见。但从结果来看，这种为了个人利益而破坏团队利益的行为得不偿失。

作为管理者，一定要让员工明白，当个人利益和团队利益出现矛盾的时候，一定要以团队利益为重，不要因为一时的贪婪而做出错误的决定。

要知道，离开了团队利益，个人利益就无从谈起了。所以，有时为了团队付出和放弃一些东西也是值得的。

周薇是一家公司的行政人员。她是一个非常认真负责的员工，无论做什么事情，都会把集体的利益放在第一位，同事们都开玩笑说，没见过这么敬业的。

公司经常会需要加班，只要需要周薇加班的时候，她都是马上答应，从不犹豫。即使有时候赶上自己身体不舒服，她也不会把这些当作拒绝工作的理由，只要可以坚持到岗的，就一定会坚守岗位。

行政人员的工作更多的是一些协调沟通的工作。可能在技术专业方面要求的不是那么严格，但是周薇为了能够更好地融入整个单位的工作当中去，也会自觉地去学习一些专业知识，这样在与技术部门协调工作的时候，自己也会做到胸中有数。

周薇会认真对待自己的工作，需要和他人配合完成的，她都会在自己工作的过程中主动和搭档进行核实，避免因自己的失误而影响了团队的效率。

她的心中装的不仅仅是自己的得与失，更多的是装着整个集体的得与失。

周薇这种对集体忘我的付出和努力，也让领导和同事对其敬佩。在年终大会上，周薇不仅被评为“优秀员工”，还得到了提升。

像案例中的周薇，一定能够成为团队中受欢迎的一位。因为她愿意为集体的利益做出贡献和努力，敢于自我牺牲。她能够在完成自己工作的同时，去为团队和同事做一些事情。而且即使不是自己分内的工作也不拒绝，而是时刻以集体的利益为重。她的这种工作精神不但对公司的发展有益，自己也会收获得更多。

以团队利益为重，就要求员工时刻把团队的利益和发展放在心上，把维护团队的利益当成自己行动的准则。

在松下公司还是无名小厂的时候，松下幸之助本人不得不亲自带着产品四处奔波推销。每次松下幸之助总要费尽口舌，跟对方讨价还价，直到对方让步为止。

有一次，买主对松下幸之助的还价劲头钦佩不已，就向他讨教原因。

松下幸之助微微一笑，平静地说："每次当我要脱口说'我就便宜卖给你'时，脑际就会突然闪现一副工厂的景象。那是什么景象呢？那是正值盛夏，酷热蒸人的工厂犹如炽火烤着铁板，整座工厂宛如炙热的地狱一般令人汗如雨下，工厂中辛勤挥汗的从业人员的面部表情。"

就是这么一副场景，时刻激励着松下幸之助不能懈怠，必须兢兢业业地工作。

到了 1960 年时，松下公司已是日本乃至全球著名的大企业了，松下幸之助仍然保持着时刻关心企业发展的意识。

以企业利益为重，把团队的事当成自己的事，不仅有益于团队的发展，对于个人来讲，也是很有好处的。

每一名员工都应该明白，自己的工资收益完全来自公司的效益，因此，公司的利益就是自己利益的来源。"大河有水小河满，大河无水小河干"，说的就是这个道理。

因此，想着团队的利益，实际上就是想着自己的利益。事实证明，时刻以团队利益为先的员工往往是发展最快的。

一个将团队的命运视为自己的命运、将团队的生死存亡视为与自己切身利益相关的人，才能在任何时候、任何地方，以团队的利益为重。

团队的利益就是员工的利益

对于一个团队来说，所有的努力都是为了能够获得更多的集体利益和更好的未来发展；当然，对于一个人来说，所有的努力也是为了能够获得自己更多的个人利益和更好的未来发展。

两者之间并不是冲突的，而是一个共赢的结果。因为团队利益的获得必须依靠每个人的努力，而个人的利益也会在团队利益增长的过程中水涨船高。

所以，我们必须让员工清楚地认识到，在一个团队中，个人与团队是利益共同体，团队的利益就是自己的利益。在一个团队里，每个人都可以通过自己的努力让团队利益得到增长。

比如，在一个企业里，不要以为只有生产人员和营销人员才能靠增加产量和争取客户来为企业赚钱，其实企业内所有的员工和部门都需要积极行动起来为企业赚钱。

一个从事鸡蛋销售的员工，进入公司不久，就取得了不错的销售业绩，得到了老板的褒奖。他是这样做的：

在售奶柜台或冷饮柜台前，顾客走过来要一杯麦乳混合饮料。

他微笑着对顾客说："先生，你愿意在饮料中加入一个还是两个鸡蛋？"

顾客："哦，一个就够了。"

这样就多卖出一个鸡蛋。在麦乳饮料中加一个鸡蛋是要额外收钱的。

让我们比较一下，上面那句话的作用有多大：

员工："先生，你愿意在你的饮料中加一个鸡蛋吗？"顾客："哦，不，谢谢。"

可见，只要肯多花一些心思，总能为集体创造更多的利益。

在一个团队里，让团队利益得到增长是每位成员义不容辞的责任。因为我们每个人的利益完全来源于团队的利益，维护团队的利益，就是为了维护自己的利益。

当我们在工作的时候，若与团队利益出现冲突，一定要学会自我调整，不要为了一时的个人利益，而毁掉了团队利益，从而毁掉了自己的长远利益。

一家大型生产企业，业绩在行业内名列前茅，年营业额达上亿元。他们经常对员工进行节约意识培训。

有一次，总经理到一个车间视察生产情况，在一个生产车间看到一名一线员工没有按照规定摆放测量工具，当即严肃地要求这名员工改正。

总经理问他："你知不知道这样会损害测量工具的寿命？"

该员工回答："我知道。可是我那么放，使用起来会比较顺手一点。再说，这么一下也不会有多大的损害，浪费不了多少钱。”

总经理又到另外几个车间看了看，发现有类似情况的并不只有他一人。下班之后，总经理召开员工大会，严肃地讨论了这件事。

他说：“我们要求按照操作规范摆放工具，必然有公司的考虑，绝对不是存心要让大家在使用的时候觉得不方便。我也承认，这样的一件工具不值多少钱，使用寿命短上一两个月，也不是什么大的浪费。但是，我想说，如果每个员工都缺乏节约意识，全公司的浪费就会很大，那么我们今年的工作目标就成了空话。如果我们公司的业绩达不到，最后就会影响到你们的奖金。你们不希望看到这种情况发生吧？”

那些被点了名的员工大受震动。最后，没有按照标准操作的员工按照规定扣发了当月奖金，车间的负责人也受到了严重警告。

为团队的利益着想，实际上就是替自己的利益着想。只有当团队成员自觉思考到团队的整体利益时，他才会在遇到让人不知所措的难题时，以让团队利益达到最大化为根本，义无反顾地尽自己最大的努力去维护团队的利益。

小王是一名电工。他刚到公司的时候，正好赶上配电中心的一个老员工辞职了，而公司又正好引进了一部分新的设备和技术，这给小王的工作带来了很大的挑战。

一方面，小王刚刚到这个公司，对许多具体的工作没有接触过，也不知道前面的人是怎么完成这些工作的；另一方面，新设备和新技术的引进意味着很多工作需要从头开始做，很多东西需要从头学习。而且，如果不能尽快熟悉工作流程和完成对新设备的布线工作，就极有可能给公司带来巨大的损失。

时间紧、任务难，为了能尽快适应新的工作环境，小王每天都加班加点，工作到深夜。他翻阅资料，查看电路布线，同时加紧对新设备的学习。经过3个昼夜的奋战，他终于完成了新设备的布线工作。

领导得知这一消息之后，对小王的表现大加赞赏，周围的同事们也向他投来了敬佩的目光。

由于他的努力奋战，新设备正常运转起来，从而保证了市区的正常供电，没有给公司造成任何损失。

小王说："公司的利益就是自己的利益。只有公司没有蒙受损失，员工们的利益才不会遭受损失。"

每一位员工都应该明白，自己的利益完全来自企业的利益。一个有团队精神的员工总是会以公司的利益为先，他们时刻谨记着"团队的利益就是自己的利益"，维护好团队的利益就是维护了自己的利益。小王就是这样的典范。

有些人认为，团队的利益是大家的，损失一点也没什么关系。可如果每次都这样，长此以往，团队的利益就会蒙受巨大的损失，到头来，员工的利益也会大打折扣。

在任何一个组织里，没有人可以使自己的利益与团队利益完全脱节，只有整个团队获得了更多的利益，个人的利益才有可能获得相应的增加。谁忽视了团队利益，谁将自己的利益置于团队之上，谁最终就会失去更多的利益。因为失去了整个团队的依托，个人的利益也就不复存在。

团队发展，员工才能发展

我们每个人都应该明白这样的道理：只有团队成功了，我们才能够成功。团队与我们的关系就是“一荣俱荣，一损俱损”。我们每个人都是在团队不断发展壮大的过程中，跟随团队一起成长而让自己得到发展的。

一个团队，一直扮演着成员根基的角色，每个成员以它为归宿并依托它逐步成长。它在培养团队成员的同时，不断提升团队的整体水平。于是，就形成了一种个人进步带动团队成长，团队成长促进个人发展的双赢循环模式。

张涛应聘到一家培训机构，这家公司一直处于亏损状态，公司包括老总只有三个人。

张涛想，我既然来到了这个公司，就要为公司服务，只要大家努力，就一定可以使公司从困境中解脱出来。

这种强烈地想把公司搞好的想法使他主动找到老总，两人通过沟通，觉得首先应该改变经营方向。

因为一个培训机构的生命力在于其不断创新的企业需求。他们决定从原先单一的即兴演讲培训课增加几个企业迫切需求的课题。

结果新课题推出后，很受企业欢迎，公司也很快扭转了亏损的局面。

现在，公司已发展成了30多人的知名培训机构，而张涛也成了这家机构的领导人之一。

要让员工明白，只有团队不断地成功，员工才能有更多的收获。当一个团队发展得很好的时候，往往作为团队的成员，才能够有更多锻炼自己的机会，才能够有更多展现才华的舞台，也会让自己的能力和业务水平得到提高。当然，自己各方面素质的提高也会让团队再上一个台阶。

陈宇大学毕业之后进了一家台资企业。这家公司是做真皮皮鞋生意的，可当时由于销量不好，已经濒临倒闭。

陈宇心想，既然自己已经到了这个公司，就要实实在在地为公司解决问题和困难。只要公司有了利润，自己的这份工作便可以做得更长久了。

怀着这份对企业的归属感，他来到了公司的仓库，发现仓库里有许多皮鞋剩下来的边角废料。他拿起来仔细一看，发现许多废料是因为做鞋时，鞋模没有按照一定的顺序整齐排列而剩下来的。

他想，这些废料做成人鞋不够，但是把几块不同的皮料拼在一起做儿童鞋却绰绰有余。于是他立刻向公司建议：以后做鞋时，鞋模按照一定的顺序整齐排列，这样做就可以节省一部分皮料，而剩下的皮料拼接在一起还可以做一些花式儿童皮鞋。

公司采纳了他的建议，但没想到的是，花式的儿童皮鞋推向市场之后，一炮打响，很快便得到了市场的强烈反响和青睐。公司也很快扭转了亏损的局面，甚至还需要专门去购买这种边角废料回来制作这种花式的儿童皮鞋。

陈宇就是把团队的发展作为自己的责任，才会如此投入工作中，而他的投入帮助公司扭转了亏损局面。

在陈宇看来，只有一个团队发展好了，其他的所有成员才能得到发展。只有真心实意地为企业做事，才能帮助企业更好地发展，自己才能获得一个更好的发展平台。

团队都需要这样的人。然而，在很多人的眼里，似乎从来没有把发展公司当成自己的责任，而是想方设法去谋取更高的薪水。一旦公司出现什么危机，这些人心里永远只有自己的利益，他们会以最快的速度离开这个企业，而不会想着如何去抢救和保护它。这样的人也许能够谋取一份可以生存的工作，但永远也难以在一生中取得任何成就。

每一个人都应该明白，个人和团队的关系，不是单纯的雇佣关系。团队和个人是一个共生体，个人离不开团队，个人的发展离不开团队的发展。只有团队发展壮大，才有个人更大程度的发展。

团队成员的成长，除了个人的不懈努力、孜孜以求地追求外，还与团队的发展息息相关。

换言之，员工个人的成长离不开团队的发展。对员工个人而言，只有团队发展了，个人才能有更大的发展空间；只有团队赢利了，团队成员的收益才能得到相应的提高。否则，离开了团队的发展，个人的一切成长都无从谈起。

保持与团队步伐一致，同进同退

在一个企业发展壮大的时候，跟随企业一起向前，这样的事对每个员工来说，都是一件求之不得的事。但是，如果在一个企业遭遇困境、难以坚持的时候，还能保持与企业统一战线的员工，才是真正把自己融入企业中的员工。

同进，并不是一件难事；但是能够做到同退，这样的员工才能取得更大的发展。

在洛杉矶，有一名叫杰克的年轻人，在一家知名的文化公司工作。他的总裁叫迈克·约翰逊，年纪比杰克稍微大几岁，管理精明，为人亲和。

杰克的工作就是帮总经理签单拉客户，谈判过程中，杰克的谈吐沉稳，令许多客户敬佩。

杰克刚步入公司时，公司运转正常，杰克工作得很舒服。

那时，公司承担了一个大项目的建设，在市场的各大街道大做广告，全体员工对此惊喜万分，全身心地投入到工作中去，全市的每个街道都要做10多个广告，全市至少也有一千多个，这给公司带来的经济利益和社会效应是十分可观的。

约翰逊总裁在发工资那天召集全体员工开会："公司承担的这个项目很大，光准备工作就耗资几百万美元，公司资金暂且紧张，所以，该月工资就放到下月一起发放，请你们谅解一下公司。工资早晚都是你们的，只要我们的项目搞好，大家一起来共享利润。"

所有的员工都对总裁的话表示赞同。

杰克这时产生了这样的想法：公司现在正是资金大流动的时候，我们所有的员工应该集资投入到大项目中去。

可是，半年以后风云突变。经过公司辛苦奔波，全套审批手续批下来的时候，公司却因资金缺乏，完全陷入停滞状态。别说给员工发工资，就连日常的耗费也只有向银行伸出求救之手。但公司目前境况不佳，贷款数额巨大，银行也不给予他们答复。

然而，就在这个困难时期，杰克说出来心里的想法：全体员工集资。

总裁笑笑，无奈地拍拍他的肩膀："能集多少钱？公司又不是几十万美元就能脱离瘫痪的，集个几十万美元只是杯水车薪，连一个缺口都堵不住。"

当约翰逊总裁召集全体员工陈述公司的现状时，一下子人心涣散，人员所剩无几，没有拿到工资的员工将总裁的办公室围得水泄不通，见总裁实在无钱支付工资，他们各取所需，将公司的东西分得一无所有。

杰克并没有放弃，这么好的机会，难道就这样付诸东流吗？

他产生了一种莫名的感觉：沙漠里的人也能生存。

不到一个星期，公司只剩下屈指可数几个人，有人来高薪聘请他，他却说："公司景气的时候，给了我许多，当公司有困难的时候，我总得和公司共渡难关，我不会做这样的无道德之事。只要约翰逊总裁没有宣布公司倒闭，总裁留在这里，我始终不会离开公司，哪怕只剩下我一个人。"

事情总在人的意料中，不久，公司只剩下他一个人陪约翰逊总裁了。

总裁歉疚地问他为什么要留下来，杰克微笑地说了一句话："既然上了船，船遇到惊涛骇浪，就应该同舟共济。"

街道广告属于城市规划的重点项目，他们停顿下来以后，在政府的催促下，公司将这来之不易的项目转移到另一家大公司。

但是在签订合同的时候，约翰逊总裁提出了一个不可说不的条件：杰克必须在你那个公司里出任项目开发部经理。

约翰逊总裁握着杰克的手向那公司总裁推荐："这是一个难得的人才，只要他上了你的船，就一定会和你风雨同舟。"

一个公司需要许多精英人才，但更需要与公司共命运的人才。

加盟新公司后，杰克出任了项目开发部经理。原公司拖欠的工资，新公司补发给了他，总裁握着他的手微笑地说："这个世界，能与公司共命运的人才非常难得。或许以后我的公司也会遇到种种困难，我希望有人能与我同舟共济。"

这个年轻人在后来的几十年时间里一直没有离开过这个公司，在他的努力下，公司得到了更为快速的发展，如今杰克已经成为这家公司的副总裁。

一个与企业融为一体的员工，无论企业繁荣时还是衰败时，都坚定不移地为企业的发展贡献自己的力量。

在员工遭遇困难的时候，作为企业，不应该抛弃员工；同样，当企业遭遇困境和危机时，也需要员工与之同舟共济。

企业在发展的过程中，其中的每个员工都得到了实现成长的机会，因此员工有责任在企业危难时伸出援手，更何况帮助企业就是帮助自己。

企业发展了，员工自然会得到发展。当企业面临种种艰难的考验时，员工也都在接受各种不同的考验。

那些能够经受住艰难考验的员工，才能够在危急时刻与企业并肩奋斗，限售并进，取得更大的发展

第五章

激情法则：充满激情，成就卓越

激情是一种希望，这种希望可能变成失望。激情同时意味着痛苦和过度。希望破灭时，激情便终止了。

——巴尔扎克

激情常常使最精明的人变成疯子，使最愚蠢的傻瓜变得精明。

——拉罗什富科

热情是一种非常可贵的动力，但是同一切动力一样，必须充分认识其各方面的影响，才能用得恰当。

——贝弗里奇

把激情传递给你的团队

我们都知道，要成就一番事业，工作激情尤为重要。特别是在团队合作中，如果能够充满激情，那这个团队一定能够拥有向前的力量。

激情是人的生活态度，充满激情的团队总能够保持一种最佳的状态。因为，激情是可以感染人、带动人、给人力量和信心的，把激情带到团队中，才能形成良好的环境和氛围。

在一家企业的生产车间，每天晨会都会要求跳健美操，由车间主任在前面领头。

最开始面对员工跳的时候，车间主任看到各式各样的跳法：有做做表面功夫的；有情绪不积极动作也不标准的；有动作标准情绪不积极的；有情绪积极动作不标准的；有情绪积极动作也很标准的。

当她看着情绪不积极动作不标准的那些员工时，她自己都会觉得没精神。

可时间长了，车间主任发现积极跳操的人的力量很强大，让她在前面也能感受到那种力量，让她觉得自己也应该在最前面用积极的情绪去感染那些不积极的人；当那些不积极的人在跳操的时候看到最前面的人都是那么积极，他们也会受到感染，也许一天两天他们不会感觉怎么样，可是一个月两个月甚至半年他们肯定会渐渐地被感染。

在一个团队中，每个成员之间是可以互相影响的，如果你始终以最佳的精神状态出现在办公室，工作有效率而且有成就，你的员工也会受到鼓舞，你所在的团队就会充满效率，从而创造更多的业绩，而你自己也会从中分享到一种成功的喜悦。

史密斯是一家汽车清洗公司的经理，这家店是12家连锁店中的一家，生意相当兴旺，而且员工都热情高涨，对他们自己的工作表现得很骄傲，都感觉生活是美好的……

但是史密斯来此之前不是这样的，那时，员工们已经厌倦了这里的工作，他们中有的已打算辞职，可是史密斯却用自己昂扬的精神状态感染了他们，让他们重新快乐地工作起来。

史密斯每天第一个到达公司，微笑着向陆续到来的员工打招呼，把自己的工作一一排列在日程表上。他创立了与客户联谊的讨论会，时常把自己的假期向后推迟。

在他的影响下，整个公司变得积极上进，业绩稳步上升，他的精神改变了周围的一切，老板因此决定把他的工作方式向其他连锁店推广。

一个员工内心充满激情，工作时就会兴奋，精神也就会振奋，同时也会鼓舞和带动周围的人提高工作效率，这就是激情的感染力量。

作为管理者，我们要时刻保持激情，不仅要把这种激情用在自己的工作中，更重要的是把这种激情的状态传递给团队中的每一个成员。要知道，一个充满激情的团队，该是多么高效的一支团队。

激情是一个团队保持生机和活力的关键，是一个企业走向成功的原动力。

比尔·盖茨为什么能创建如此辉煌强大的微软帝国？杰克·韦尔奇为什么能成为人人争相效仿的世界第一 CEO？松下幸之助为什么能成功创办世界著名的松下电器？

他们都有一个共同的特点——对工作充满激情，并把这种激情传递给自己的企业，自己的员工。不管作为领导者还是员工，我们都应该对工作、对企业充满激情，并把这种激情传递给每一个人。

激情创造团队新气象

美国成功学大师拿破仑·希尔认为，做事要有激情，才不会疲倦。他本人就是一个工作极富激情的人。

有一天晚上，他工作了一整夜，因为太专注，使得一夜仿佛只是一小时，一眨眼就过去了。他又继续工作了一天一夜，其间除了停下来吃点清淡食物外，未曾休息。

如果不是对工作充满了激情，他不可能连续工作一天两夜而丝毫不觉得疲倦。

因此，激情并不是一个空洞的名词，它是一种重要的力量，能够鼓舞和激励一个人对自己的工作乐此不疲。

但是，目前很多职场人士，对工作都没有激情。他们只是将工作当作养家糊口的、不得不从的差事，别说是激情，就是认真也拿不出几分。

他们甚至认为，我们出力，老板出钱，等价交换，谁也不欠谁的，所以也没有什么好认真的。

而事实上，能否成就一番事业，工作激情尤其重要。人活着需要激情，工作时更需要激情。

当面对同样一份工作时，交给有激情和没有激情的两个人去做，其结果是截然不同的。

一个充满激情的人，无论是在公司从事何种工作，都能十分有兴趣地做下去，并把工作做得有声有色；不管工作有多么困难，需要接受多么严峻的考验，都会始终如一的不放弃。

而一个缺乏激情的人，做事情会十分畏缩，稍一遇到什么困难，便只会打退堂鼓，给人的感觉也是暮气沉沉。长此以往，这种人会逐渐变成工作场所里可有可无的一个人。

可见，激情对于工作，是多么的重要。激情能够推动事情的顺利进行，而其中的关键因素就是要有工作的激情，并能够做到善始善终。可以说，激情是任何渴望在工作中能够有一番成就之人所必须具备的条件之一。

位居美国富豪榜第十位的保罗·盖蒂在总结自己的成功之路时指出："激情成就财富，成功离不开激情。激情是一种精神特质，代表一种积极的精神力量。人人都具有激情，只要善加利用，就能使之转化为巨大的致富能量。"

成功与其说是取决于一个人的才能，不如说取决于一个人的激情。无论出现什么困难，无论前途看起来多么的黯淡，一个充满激情的人总是更容易看到希望。

比尔·盖茨说："每天早晨醒来，一想到所从事的工作和所开发的技术将会给人类生活带来的巨大影响和变化，我就会无比兴奋和激动。"

比尔·盖茨的这句话阐释了他对工作的激情。在他看来，一个优秀的员工最重要的素质是对工作的激情，而不是能力、责任及其他。他的这种理念已成为微软文化的核心，正因为这种充满激情的精神面貌，像基石一样让微软王国在IT世界里傲视群雄。

让激情成为员工内心熊熊燃烧的烈火，激励着员工为共同的梦想努力奋斗——这是一个企业成功的秘密武器之一。缺乏激情的员工是一个企业的梦魇。

其实，在一个企业里，大多数人都不愿意和一个整天萎靡不振的人交往。同样，一个萎靡不振的人，在公司里也很难得到重用。对于大多数人来说，还是更愿意接近那些整天充满激情、总是神采奕奕的人。

有激情才能有积极性，没有激情只能产生惰性，而惰性会让一个团队后退。激情是活力的源泉，是生命价值的体现，更是发展自我、展现自我的催化剂。没有激情就没有动力，没有动力就不可能全心全意投入工作。

一个人如果整天无精打采，神思恍惚，虽未受到重大打击，可总是按部就班，平时不犯大错，但也绝不能做到最好。没有激情就无法兴奋，就不可能全心全意投入工作，也不可能创造性地解决工作中的难题。

激情是工作的灵魂。没有灵魂的工作就如行尸走肉般没有生气，所以，缺什么也不能缺激情。从现在开始，拿出100%的激情来对待你的工作吧，并将这种激情传递给你的团队成员。这样你就会发现，原来每天平凡的生活竟是如此的充实与美好。

充满激情才能激发潜能

激情是最基本的职业精神和商业精神，它可以让一个人在所有的员工中脱颖而出。

一个人的成功，来自他追求卓越的精神和不断超越自身的努力。激情，是一种超越和超常的情感，是被激发出来的一种高昂的精神状态。没有激情的人，永远不会有真正切实的行动。如果一个人整天无精打采、心神恍惚，总是按部就班，很难出大错，也绝不会做到最好……这样的人，你能想象他会敢于冒险、顶住压力、克服种种困难，领导一个团队迈向成功吗？没有激情的人容易志短，并且受制于人。迫于生计，很多时候只能妥协，而这又无形中埋没了自己的才华，错过了发展的良机，只好随波逐流。

激情工作，就是把工作当事业做，把它看作发掘自身潜能与天赋的机会，而不是只把它当作谋生的工具。只有这样，才能让你找到自己真正的价值所在，以及梦寐以求的成就感。

小倩是一家广告公司的设计人员。她很珍惜这份来之不易的工作，她时常告诫自己："我要努力工作，把自己的全部热情都投入其中，我相信我一定可以做得更好。"

在这种激情工作信念的支持下，小倩兢兢业业地工作。

有一次，一个客户有一批非常紧急的设计要做。然而公司里所有的人手头都有任务，大家都以工作量大、怕完不成任务而推卸。手头同样有任务的张扬自告奋勇接下了这个任务。其他的同事都对她嗤之以鼻，但她却不在乎，加班加点，终于交出三份不同风格、内容非常详尽的设计方案。

拿着小倩的方案，客户满意而去。

第二天，老板将小倩叫到办公室，说："那是一个很大的客户，我们能接到他们公司的活很不容易，这次我们给们他留下的印象很好，以后肯定会有更多的合作。所以，这次你为工作做出了成绩，公司决定提拔你为策划部的主管。”

小倩的成功，在于她比别人更富有工作的激情，也正是因为这一点，她竭尽所能，不断超越自我，最终取得了不错的成绩。

没有激情就没有动力，没有动力就不可能全心全意投入工作，不可能创造性地解决工作中的难题。面对工作中的压力和不利局面，永远不要选择逃避，要拿出激情，化解面前的困难，用激情成就梦想。

在南美洲温暖的亚马孙河流域生活着一种大马哈鱼。每年秋天，这种大马哈鱼的幼苗就会从亚马孙河的各个支流流向亚马孙，通过亚马孙河再流向大海。

这种现象让科学家们很奇怪，大马哈鱼是淡水鱼类呢还是咸水鱼类呢？如果所有的大马哈鱼都游向大海，它们为什么会在亚马孙河流域出现呢？

为了解开谜底，研究人员经过三年的跟踪调查，终于找到了答案。原来大马哈鱼游向大海后，每年春天它们都会游回亚马孙河流域。但是亚马孙河的入海口水流十分湍急，更为重要的是，河水和大海有着两三米的落差，大马哈鱼是怎么游上去的呢？

事实上，大马哈鱼并没有依靠任何外力，它们用激情喷发出来的毅力，以超过水流的速度奋力游向亚马孙河，克服重重困难后，游回自己的出生地繁衍后代。

这真是让人难以置信，大马哈鱼通过生命的激情，创造出了一个伟大的奇迹。

无论做什么工作，难免会碰到挫折和困难。遇到挫折和困难不要紧，关键是如何调整心态，释放激情，其实质就是超越自我。

在困难和挫折面前，消极沉沦不行，这只会涣散士气；退缩逃避更不行，这会贻误时机。只有充满激情，把困难当作挑战，把挫折当成历练，迎难而上，攻坚克难，才能走向成功。

美国伟大的哲学家爱默生说："不倾注激情，休想成就丰功伟绩。"

激情是工作的灵魂，是一种能把全身的每一个细胞都调动起来的力量，是不断鞭策和激励我们向前奋进的动力。

在实现所有伟大成就的过程中，激情是最具活力的因素，可使我们不惧现实中的重重困难。每一项发明，每一个工作业绩，无不是激情创造出来的。

每个团队都需要富有激情的人，因为一个充满激情的员工，才能保持高度的自觉性，将全身心都调动起来，最大化释放个人的潜能，才能让团队拥有更多的发展能力。

满怀激情去做每一件事

一个人的成就大小，往往和他的激情成正比。激情，就是一个员工保持高度的自觉，就是把全身的每一个细胞都调动起来，完成自己的工作。

世界任何事情，不管简单或复杂，只要你愿意投入100%的激情，总能够做得更好。

一名酒店服务员是这样做一杯柠檬汁的：

他把柠檬汁倒在一个玻璃杯中，然后拿起杯子转了两圈，以便让柠檬汁都均匀地流在玻璃杯杯壁上。

然后他再切两片鲜柠檬，用手挤出了汁放在杯子中，用一个小铁钩把两个半粒的柠檬核挑出来。

这样，再端上来的新鲜柠檬水，底部便不会有沉淀，两片新鲜的柠檬已挤出汁液，而且两个半粒的柠檬核也已挑出，这就叫作服务。

尽管一杯柠檬汁水只有几元，但这种服务精神给人印象很深。

尽管这家酒店的柠檬水稍贵一点，但它物有所值。人们欣赏并敬佩这家酒店服务员的工作精神，付费时，往往给的小费已超过了一杯柠檬汁本身的价格。

每一个员工都应该在1%的工作中注入100%的激情。激情，促使我们精益求精。凭着激情，我们可以将工作做得更好、更出色。

在现实生活中，做得最多、做得最好的那些人，也就是那些所谓的成功人士，他们浑身上下每一个细胞都散发着对工作的激情，对事业的执着。没有激情，即使是条件再好的工作，也会变成一项苦差事。

如果我们的员工时刻保持用100%的激情去做1%的事情，不管所要做的事情有多么琐碎、单调，甚至微不足道，都把它当作大事去做，没有任何事是做不好的。

爱德华刚开始的时候只是一家汽车制造厂的杂工。工作一开始，他对工厂的整体情况有了初步的了解，他知道一辆汽车从零件生产到出厂，要经过13个部门，而每一个部门的工作性质都不相同。

他想，如果自己想在这个行业里做一番事业，就必须了解整个汽车制造过程。杂工不是正式工人，做的都是零活。不过这并没有消磨掉他想做一番事业的热情。

做了一段时间杂工后，他申请调到汽车椅垫部工作。没多久，他就把工艺流程掌握了。后来他又申请调到电焊部、车身部、喷漆部、车床部工作。在不到3年的时间里，除了装配线、后勤部门外，他几乎把各部门的工作都做过了。最后他又申请到装配线工作。

他的父亲对他的举动很不理解，就说："你工作已经3年了，可总是做些小工，可别耽误了你的前程啊。"

爱德华笑着做了解释："我并不急于当哪个部门的小工头。我是以能胜任领导整个工厂为工作目标的，所以必须花点时间了解整个流程。"

没过多久，他就成了装配线上最出色的员工。很快，他就晋升为领班，并在32岁的时候成了15位领班的总领班。

在工作中，没有任何一件小事，小到可以忽略。不愿意在小事上投入激情的人，也是很难成就大事的。

要知道，一个能够把小事做得卓越的人，必然能够将大事做得更卓越。因为，能够在大事上投入100%激情的人很多，但是能够在小事上投入100%激情的人却很少。

如果一个人在很小的事上都愿意投入100%的激情，那做大事，岂不是会投入200%甚至300%的激情？当然，如果他有的话。

永远保持对工作的激情

刚刚进入公司的员工，常感觉缺乏工作经验，为了弥补不足，常常早来晚走，斗志昂扬，就算是忙得没时间吃饭，也依然觉得很满足。因为工作有挑战性，感受也是全新的。

这种工作激情四射的状态，几乎每个人在初入职场时都经历过。

可是，这份激情来自对工作的新鲜感，以及对工作中不可预见问题的征服感，一旦新鲜感消失，工作驾轻就熟，激情也往往随之湮灭。

有一位已经失去传道热忱的牧师，夜里做了一个梦，梦到自己被带到了天堂，去接受他一生为上帝工作所得的赏赐。

刚开始，有个天使送来华丽灿烂的冠冕，上面镶满了珍珠宝玉，可是旁边的天使长说："拿错了，这是二十年前为他预备的，那时候他拼命为信仰工作，可惜不一会儿的工夫，他的热情就退却了，所以要换一个次等的冠冕给他。"

一会儿工夫，天使又换了一个次等一点的冠冕，虽然没有第一个那么华丽，他还是觉得不错。

然后天使长又说："你们还是拿错了，这是十年前为他预备的，不幸的是，世上的欲望和引诱迷住了他，使他成了一个对工作不再有热情的人，再去换个冠冕吧！"

于是天使再换来一个冠冕，而上面一粒珠宝都没有，毫无光彩。

这位牧师惊醒过来，出了一头冷汗，好在是一场噩梦。他恍然大悟，从那时起，他勤奋传道，虔诚地传播上帝的声音，成了最热心的传道人。

其实，无论是在社会还是在团队中，一个人最可怕的不是年龄的增长，而是随着年龄的增长心也老了，失去理想和工作的激情。要知道，时间是很容易流逝的，应该趁着自己还年轻，再接再厉，让心中的理想和激情一直延续下去。

和企业一起成长，努力为企业创造更多的价值，维护企业利益，以企业利益为先，在任何情况下都不做出损害企业利益的事情，这样的员工才是充满激情的员工。

对工作充满激情的员工懂得，自己是企业的一员，即使遇上难题也需要自己主动解决，而不是什么都等着老板去解决，只有用激情来工作才能有所突破。

李莉在职场上奋斗多年，但是对待自己的工作却渐渐失去了刚进公司时的激情，对此她并没有放在心上，甚至认为工作时间久了缺少激情也是一件很正常的事情。即使是身边有不少新进员工对待工作热情十足，李莉也没有改变自己的工作态度，甚至觉得他们刚刚进入职场，认真对待工作是应该的；等他们工作一段时间后，积极性自然就不会这么高了。

后来，李莉的消极态度严重影响了工作效率，几次业务合作都因此而出了差错。

为此，上司找她谈话说："李莉，你来公司已经好多年了，在公司发展上你也做出过不少贡献，但是从你最近的工作表现来看，还是存在不少问题。"

上司说到这里，李莉依旧是一脸委屈。

上司接着语重心长地说道："公司就是一个整体，一个人掉了链子，整个团队及其所有成员都会因此受影响。对待工作，无论你是初入职场的新手，还是久经沙场的老手，都不能抱着'三分钟热度'的态度去应付了事。也许，工作时间久了，积极性和热情度难免会不如刚入职时那么强烈，但是既然在职场生存，我们就应该弄清楚一点：任何工作的最终受益者是自己，对待工作你付出多少热情，就会相应地收到多少回报。”

听完这一番话后，李莉觉得自己当初的想法和做法实在是太不成熟、太缺乏责任心了，既然选择了一份工作就要将它作为终生的事业去对待，于是决定从此改变自己对工作的态度。

对待工作充满激情的员工，会将工作当成自己的事业，用激情来工作，无论需要去完成的是怎样的工作，他们都会乐于接受并积极完成。而且，即使安排给自己的工作完成了，只要发现有什么需要自己去做的，他们都会毫不犹豫地去完成，因为对工作他们心里充满了激情。

只有养成这样的习惯，才能真正把工作当成自己的乐趣，把岗位当成人生的使命，把企业当成自己的家，用激情创造出卓越的成绩。

计算机巨子迈克尔·戴尔有次回母校德克萨斯大学演讲，一位商学院的学生问他：“现在你的钱多达几百亿美元，干吗不把企业卖掉，买一艘游艇，去加勒比海逍遥呢？”

戴尔回答说：“开游艇？那太闷人了，你可晓得，管理一个产值数十亿美元的企业多有趣吗？”

戴尔的回答至少让我们明白：享受工作的快乐，其实也就是在享受生活，享受着成就感与安全感。无论是退休闲不下来的寻常百姓，还是仍然每天努力工作的亿万富翁，他们都清楚，工作带给他们的是忙碌、是充实、是拥有成就感的真实快乐。

作为员工，永远保持对工作的激情，不仅仅是企业利益的保障，更是自身根本利益的基础。

激情催生团队优秀业绩

汪曾祺有一篇文章《如意楼和得意楼》里面讲了一个两家茶楼的故事：

如意楼和得意楼，两家临街相隔的茶楼，环境相差无几，食物也相差无几，两家老板也同样热情地招呼客人，可为什么生意却相差万里？

甚至后来，得意楼因为经营不下去而改弦更张。但是依旧生意不好，还是走不下去。

为什么呢？连得意楼的老板自己都想不明白。事实上，就是他的精神状态不好。正如作者最后所言："一个人要兴旺发达，得有那么一点精气神儿。"

对于一个企业而言同样也是如此。在一个企业里，如果想要取得不错的业绩，必须建立一个充满激情的团队。有时候，判断一个企业能否取得成绩，就看是否有一个充满激情的团队。

工作就像一把干柴，而激情就像火种，用激情去点燃这把干柴，工作就会燃烧起来，释放出巨大的能量。对工作充满激情的人大多能获得高效业绩，一个缺乏激情的员工，绩效必定是平平的，甚至是毫无作为的。

著名人寿保险推销员弗兰克·贝特格在他的自传中，向我们充分诠释了这一点："在我刚转入职业棒球界不久，我就遭到了有生以来最大的打击——我被开除了。理由是我打球无精打采。

“老板对我说：‘弗兰克，离开这儿后，无论你去哪，都要振作起来，工作中要有生气和热情。’这是一个重要的忠告，虽然代价惨重，但还不算太迟。于是，当我进入纽黑文队时，我下定决心在这次联赛中一定要成为最有激情的球员。

“从此以后，我在球场上就像一个充足了电的勇士。掷球是如此之快、如此有力，以至于几乎要震落内场接球同伴的手套。

“在烈日炎炎下，为了赢得至关重要的一分，我在球场上奔来跑去，完全忘了这样做很容易中暑。第二天早晨的报纸上赫然登着我们的消息，上面是这样写的：‘这个新手充满了激情并感染了我们的小伙子们。他们不但赢得了比赛，而且看来情绪比任何时候都好。’那家报纸还给我起了个绰号叫‘锐气’，称我是队里的‘灵魂’。三个星期以前我还被人骂作‘懒惰的家伙’，可现在我的绰号竟然是‘锐气’。

“于是我的月薪从25美元涨到185美元。这并不是我球技出众或有很强的能力，在投入热情打球以前，我对棒球所知甚少。除了‘激情’，还有什么使我的月薪在十天内竟上升600%呢？

“退出职业棒球队之后，我去做人寿保险推销工作。在经历十个月令人沮丧的推销工作之后，我被卡耐基先生一语惊破。他说：‘贝特格，你毫无生气的言谈怎么能使大家感兴趣呢？’我决定以我加入纽黑文队打球的激情投入到做推销员的工作中来。

“有一天，我进了一个店铺，鼓起我的全部热情试图说服店铺主人买保险。他大概从未遇到过如此热情的推销员，只见他挺直了身子，睁大眼睛，一直听我把话说完，最终他没有拒绝我的推销，买了一份保险。

“从那开始，我真正地展开推销工作了。

“在 12 年的推销生涯中，我目睹了许多的推销员靠激情翻倍来增加收入，同样也目睹更多人由于缺少热情而一事无成。”

由此可见，激情是弗兰克·贝特格在事业上获得成就的重要原因。凭借激情，他在烈日当空的酷热中超常发挥；凭借激情，他说服了自己的客户，最终创造出不凡的成就。

一个人如果仅仅是勉强完成职责，那么，他工作起来就会马马虎虎，敷衍了事，稍遇困难就会打退堂鼓，很难想象这样的人能始终如一的高质量的完成自己的工作，更别说能做出优异的业绩了。如果员工不能使自己的全部身心都投入到工作中去，就难以得到成长和发展的机会，无论做什么工作，都可能沦为平庸之辈。

一个人只有在充满激情的情况下，才能发挥出自己 100% 的才能，才能取得辉煌的成绩。

激情让团队专注目标

充满激情的团队，会更容易专注目标，努力拼搏，直到取得最后的成功。如果对待工作缺少激情，就容易产生懈怠情绪，三天打鱼两天晒网，必定难以获得较大成就。

所以，一定要让团队保持激情，专注目标，只有这样才能获得事业的成功。

岳芳是某知名公司的一名推销员。凭着高超的推销技巧和最大的激情，她叩开了无数经销商的大门。

一天，岳芳来到一家商场门口。进门之后，她首先向店员问候，然后就与他们聊起天儿来。在闲聊的时候，岳芳发现这家商场有着非常不错的条件，于是在恰当的时机就将自己的商品推销给了他们。

然而，岳芳却遭到了经理的拒绝。那位经理直言不讳地告诉岳芳："如果我们进了你们的货，我们是会亏损的。"

岳芳是一个执着的人，她动用了各种推销的本领，企图说服经理。孰料，那位经理根本不为所动。

最后，岳芳只好十分沮丧地离开了商场。

岳芳在商场门口转了几圈之后，并没有回去，她又一次走进了商场。

当她重新站在经理办公室门前时，经理却满脸微笑地迎接了她，岳芳还没有给他推销，他就决定订购一批货物。

对此，岳芳非常不解。在她的一再追问下，经理只好说出了其中的缘由："一般来说，推销商很少和店员聊天儿，而你却和其他的人不一样，你首先和店员聊天儿，并且聊得还十分融洽。同时，在你遭到我的拒绝时，并没有灰心，又重新来到商场。你正是用你的激情将我征服了。"

而岳芳之所以充满激情，专注目标，正是因为她所在的销售团队十分重视培养团队成员的工作激情，整个团队都形成了满怀激情去工作、不达目标不罢休的良好氛围。正因如此，他们团队的业务员都曾被公司评为优秀业务员，而该团队也每年都受到总部的嘉奖。

在工作中，我们总会遇到这样或者那样的难题，如果没有高度的激情，就会被挫折和困难埋葬；如果拥有了激情，所有的问题也就会迎刃而解，最终打开通往胜利的大门。

优秀团队的骄人业绩，来源于源源不断的工作激情。拥有激情，可以让团队专注目标；拥有激情，也可以让团队获得最后的成功。

激情让团队战胜挫折

一个团队面对挫折的时候，通常会有两种不同的情况：很多团队会滋生绝望的情绪，无所作为，最终落得失败的命运；但是，另外还有一部分团队，能够做到冷静思考，想办法战胜挫折，摆脱困境。

显然，第二类团队的做法是正确的。第一类团队的行为不但无助于战胜挫折，只能使自己处于更加被动的局面，对解决问题毫无帮助。

大凡成功的团队，总有一段刻骨铭心的磨难、挫折之经历。有人说“挫折是弱者的地狱，强者的阶梯，智者的故乡，伟人的天堂”，此话不假。

一个有激情的团队，可以克服一切难关，战胜一切挫折。

破釜沉舟让士兵有了不达目的誓不罢休的激情，“哀兵必胜”告诉我们充满激情的团队无比强大，“一鼓作气，再而衰，三而竭”向我们解释了为什么一个团队不可以缺少激情。

人类历史上成功团队的故事足以说明：激情是战胜挫折的最好药方。

保持激情，是优秀团队的特征。这些团队之所以能获得巨大的成就，一定少不了对事业的激情。

法国作家司汤达曾经说过：“伟大的激情能战胜一切，因此我们可以说，一个人只要强烈地坚持不懈地追求，他就能达到目的。”

个人如此，团队亦然。

有些团队刚刚遭受一点挫折，便把它看成拿破仑的滑铁卢，从此一蹶不振。

可是，对于优秀的团队来说，却没有所谓的滑铁卢。那些一心要得胜、立意要成功的团队，总是充满激情，即使失败了，也不以一时失败为最后结局，还会继续奋斗。在每次遭到失败后再重新站起来，比以前更有决心地向前努力，不达目的决不罢休。

世界上一切伟大事业，都是由充满激情的团队创造的。当别人开始放弃时，他们却仍然坚定地去做。

真正对事业有着激情的团队，往往会一鼓作气取得成功。而那些缺乏激情的团队，则总是三分钟热度，在开始做事时充满激情，但因缺少激情，不能对工作保持耐心，不待做完便半途而废。

任何事情往往都是开头容易而完成难，所以要估计一个团队的优劣，不能看它着手去做的事情有多少，而要看它最终的成就有多少。

我们的团队也要时刻保持对事业的激情，这样才能战胜一切挫折，取得最后的胜利。

第六章

顽强法则：打造坚韧的队伍

强烈的信仰会赢取坚强的人，然后又使他们更坚强。

——华特·贝基霍

伟大的事业是根源于坚韧不断地工作，以全副精神去从事，不避艰苦。

——罗素

哪怕对自己的一点小小的克制，也会使人变得强而有力。

——高尔基

顽强的团队无惧挫折

一个团队的发展不可能一帆风顺，难免会遭受挫折与不幸，甚至失败。

有的团队不够坚韧，不够顽强，经不起一点点的挫折，遇到困难就军心动摇，失去信心。这时，即使有好的机遇摆在他们面前，他们也会畏首畏尾，不能很好地把握机会走出困境。

日本的一家公司要招聘10名职员，经过一段时间严格的面试、笔试，公司从300多名应聘者中选出了10名佼佼者。

发榜这天，一个叫水原的青年见榜上没有自己的名字，悲痛欲绝，回到家中便要悬梁自尽。幸好亲人及时发现，水原才没有死成。

正当水原悲伤之时，从公司却传来好消息：水原的成绩本是名列前茅，只是由于计算机的错误，才导致了水原落选。

正当水原一家大喜过望之时，却又从公司传来消息：水原被公司除了名。原因很简单，公司的老板认为：水原缺乏顽强的意志，如此小的挫折都经受不了，这样的人不能委以重任。

作为团队也是如此，只有具备坚忍顽强的意志，才能在挫折面前不畏惧，勇往直前，战胜困难，赢得最后的成功。倘若连一点小小的挫折都经受不住，又如何能够做成大事呢？

正所谓：能力越大，责任越大；责任越大，风险越大。

所谓的“风险”，也正代表了未来可能经历的挫折。

所以，这句话反过来说也可以理解为：能够经受住打击，战胜挫折的团队，才有资格承担较大的责任；能够承担起较大责任的团队，才有可能是一支能力强的团队。

至于那些在挫折面前畏首畏尾，缴械投降的团队，则必然是能力不足、不能够委以重任的。

挫折算什么？在挫折面前，我们必须有永不言败的心态：惭愧而不气馁，内疚而不失望，自责而不伤感，悔恨而不丧志。在失败中踏出一条新路，才有希望摘取成功的桂冠。

一天夜里，一场雷电引发的山火烧毁了美丽的“万木庄园”，这座庄园的主人迈克陷入了一筹莫展的境地。面对如此大的打击，他痛苦万分，闭门不出，茶饭不思，夜不能寐。

转眼间，一个多月过去了，年已古稀的外祖母见他还陷在悲痛之中不能自拔，就意味深长地对他说：“孩子，庄园成了废墟并不可怕，可怕的是，你的眼睛失去了光泽，一天一天地老去。一双老去的眼睛，怎么能看得见希望呢？”

迈克在外祖母的劝说下，决定出去转转。他一个人走出庄园，漫无目的地闲逛。

在一条街道的拐弯处，他看到一家店铺门前人头攒动。原来是一些家庭主妇正在排队购买木炭。那一块块躺在纸箱里的木炭让迈克的眼睛一亮，他看到了一线希望，急忙兴冲冲地向家中走去。

在接下来的两个星期里，迈克雇了几名烧炭工，将庄园里烧焦的树木加工成优质的木炭，然后送到集市上的木炭经销店里。

很快，木炭就被抢购一空，他因此得到了一笔不菲的收入。他用这笔收入购买了一大批新树苗，一个新的庄园初具规模了。

几年以后，“万木庄园”再度绿意盎然。

“山重水复疑无路，柳暗花明又一村。”世间没有死胡同，就看你如何去寻找出路。

坚忍顽强的团队懂得在挫折中寻找希望，在困境中寻找出路，只有这样的团队才能战胜困难，取得胜利。

日本企业家松下幸之助对此理念阐述得十分透彻，他说：“跌倒了就要站起来，而且更要往前走。跌倒了站起来只是半个人，站起来后再往前走才是完整的人。”

后藤清一曾在松下电器公司担任厂长。有一年，日本遭逢有史以来最狂暴的台风，虽无人员伤亡，但工厂却接近全毁。后藤心想：好不容易迁到新厂，正想要全力生产、大干特干时，却遭此打击，老板心里一定很郁闷吧！

松下是在台风即将停止之前赶到工厂的，此时松下夫人因身体不适而住院，他是探病后再赶来的。

“报告老板，不得了，工厂遭逢台风，损失惨重，我来当向导，请巡视工厂一趟吧！”

“不必了，不要紧，不要紧。”

“为什么呢？难道您不着急吗？”

松下手中握着纸扇，仔细地端详它，横看、纵看，神情异常的冷静。

“不要紧，不要紧。后藤君啊！跌倒就应爬起来。婴儿若不跌倒也就永远学不会走路。孩子也是，跌倒了就应立即站起来，号哭是没有用的，不是吗？”

松下说完掉头就走，对工厂的灾难毫无惊恐失色之态，就快速离去了，随后安排员工有条不紊地解决了工厂的各项问题。

正因为松下将坚忍顽强、无惧挫折的精神传递给了整个团队，所以松下电器才能在激烈的市场竞争中始终立于不败之地，成为一家享誉全球的优秀企业。

任何一个团队，在成长壮大的过程中都可能会遭遇许多意外的挫折。挫折并不足畏惧，只要保持顽强的意志，坚持不懈地与挫折抗争，最后一定会走出低谷，重振雄风。

困难面前不低头

任何一个团队，在由小到大的发展过程中，都不可避免会遭遇一些困难。只有在困难面前不低头，坚持拼搏，顽强抵抗，才有可能熬过黑暗，迎接光明。

联想集团新少帅刘军说，2000 年其实是联想集团江湖地位一举奠定的一年。

1999 年，刘军主持研发的天禧电脑上市。

这种有“单键飞梭”上网，以及易于开启机箱的电脑上市后，很受业界欢迎。天禧电脑共取得了 42 项国家专利，并为国人第一次赢得了国际电脑设计大奖。

但起初，联想上下对刘军的团队花千万元的研发大冒险普遍存有疑问。但刘军目标已定，决不放弃。因此，刘军的团队承受了巨大的考验。

到 2000 年，天禧电脑为联想集团创下产值 37.5 亿元，也为联想电脑在 1999 年第三季度以 8.5%的市场占有率荣登亚太市场 PC 销量榜首、跻身全球十强立下了汗马功劳，联想集团在香港的股价也于同期飙升了 30%。

当天禧创下一个月3000万元的利润时，刘军心里的石头才落了地，联想集团的江湖地位也一举奠定。

面对困难的时候，只有抱着不服输的劲头，迎难而上，奋勇拼搏，才有可能战胜困难，取得成功。

巴雷尼小时候因病成了残疾，母亲的心就像刀绞一样，但她还是强忍住自己的悲痛。

她想，孩子现在最需要的是鼓励和帮助，而不是妈妈的眼泪。

母亲来到巴雷尼的病床前，拉着他的手说："孩子，妈妈相信你是个有志气的人，希望你能用自己的双腿，在人生的道路上勇敢地走下去！好巴雷尼，你能够答应妈妈吗？"

母亲的话，像铁锤一样撞击着巴雷尼的心扉，他"哇"的一声，扑到母亲怀里大哭起来。

从那以后，妈妈只要一有空，就带巴雷尼练习走路，做体操，常常累得满头大汗。

有一次妈妈得了重感冒，她想，做母亲的不仅要言传，还要身教。尽管发着高烧，她还是下床按计划帮助巴雷尼练习走路。

黄豆般的汗水从妈妈脸上淌下来，她用干毛巾擦擦，咬紧牙，硬是帮巴雷尼完成了当天的锻炼计划。

体育锻炼弥补了由于残疾给巴雷尼带来的不便。母亲的榜样作用，更是深深教育了巴雷尼，他终于经受住了命运给他的严酷打击。

他刻苦学习，学习成绩一直在班上名列前茅。最后，以优异的成绩考进了维也纳大学医学院。

大学毕业后，巴雷尼以全部精力，致力于耳科神经学的研究。最后，终于登上了诺贝尔生理学和医学奖的领奖台。

我们再来看看另外一位诺贝尔奖获得者的故事：

塞曼小时候读书的自觉性并不高，成绩也一直平平。

塞曼的母亲看到儿子的这种表现，心里十分着急。

一天，她把儿子叫到跟前，注视着他的眼睛，神情激动地说："儿啊，早知道你是一个平庸无能之辈，我当初真不该在波涛中挣扎……"

接着，她向默默呆立的塞曼忆起往事：在塞曼快要降生的时候，家乡突然遭到洪水的袭击，她死里逃生，好不容易才登上了一只小船，塞曼就降生在这只小船上，母亲望着滔滔洪水和刚刚临世的小生命，想起了荷兰人的一句古训：绝不向困难低头！

听完母亲的回忆，塞曼才知道母亲所经历过的艰难，心灵受到强烈的震撼，暗暗发誓要发奋攻读，绝不辜负母亲的厚望。

功夫不负有心人，他终于以优异的成绩受到学校当局的赏识，被学校聘为助教。

当他满怀喜悦去见母亲的时候，母亲已身染重病，奄奄一息了。在弥留之际，她用深情的目光注视着塞曼，嘴唇艰难地颤动着说："绝不向困难低头！"留下这句遗言后溘然长逝。

塞曼把妈妈的话铭刻在心。他将嵌有母亲遗像的金制小镜框一直挂在胸前。遇到困难和挫折时，他便凝视着母亲的遗像，回想母亲的谆谆教诲，以增加自己克服困难的勇气。

塞曼在科学的道路上不断探索，凭借着绝不向困难低头的精神，终于攀上了一般人难以企及的高峰。1902 年，塞曼获得了诺贝尔物理学奖。

唯有在困难面前不低头，才是取得事业成功的最大法宝。个人如此，团队更是如此。

成功的团队与失败的团队并没有多大的区别，只不过是失败的团队走了九十九步，而成功的团队却多走了最后一步，即第一百步。

很多团队之所以失败，就是因为将失败的结论下得太早，当遇到一点点挫折时就对自己的工作产生了怀疑，甚至半途而废，那前面的努力就都白费了。

唯有经得起风雨及种种考验的团队才会成为最后的胜利者。因此，不到最后关头就绝对不要放弃，要永远相信：成功的团队不放弃，放弃的团队不成功！

面对挫折要坚强

爱默生曾经说过："伟大、高贵人物最明显的标志，就是他坚忍的意志。不管环境如何恶劣，他的初衷与希望不会有丝毫的改变，并将最终克服阻力，达到所企望的目的。"

每个团队在奋斗的过程中都会遇到挫折。

挫折可以让一个团队产生或轻或重的挫折感，这是一种消极的情绪状态，它有时会造成非常严重甚至无法挽回的后果，而这种后果原本可以避免。

我曾在网上看到过这样一则新闻，一个男孩因为追求心爱的女孩失败，竟然选择了跳河自杀。

其实这个男孩很优秀，是学校中的佼佼者，只是他追求的女孩才 17 岁，一个未成年的孩子还不能判断一段感情对自己的重要性，以及自己是否需要这段感情，学生时代，肯定是以读书为主。而男孩却是一位 25 岁的成年人。如果他可以再等等，或者找个同龄女孩谈恋爱，我想，结果可能会大不相同。

之所以出现这个悲剧，正是因为当事人面对挫折不够坚强。

那么，如果在遭遇挫折的时候选择坚强面对，对自身会有怎样的影响呢?

日本著名企业家土光敏夫就是这样一位面对挫折时依然能够保持坚强的人。

土光敏夫在中学时参加学校组织的一项100公里徒步训练。对一个十三四岁的孩子来说，这种活动的艰苦性是可想而知的。

走了两天，他的脚就起了血泡。曾有许多次，他都想停下来躺在地上。但是，每当有这样的念头时，他耳边就有一个声音在提醒："躺下去便是懦夫！打起精神，走下去！"

于是，他咬牙挣扎着继续前行。

不仅如此，他还鼓励大家咬牙坚持。一些体弱的同学支持不住，累倒了，他还背他们一段路程。

渐渐地，他感觉自己已经适应了这种艰苦的跋涉，身上背的东西也似乎轻了许多。

正是因为能够坚强地面对挫折，土光敏夫逐渐成长为一位优秀的企业家，后来还成为有"财界总理"之称的日本经团联会会长。

而他也将"坚强"作为自己公司的企业文化，带领出了一个坚强勇敢、无惧挫折的团队。

他说："我之所以在以后做事能不半途而废，关西中学的长途步行给我的启示最大。我知道：面对困难，人唯有迎接挑战而不是回避挑战，才会有真正的成长。你战胜困难一次，就更强大一点。"

我们的团队也应该将这种坚强勇敢的精神引入团队文化的建设中去，培养一支坚强的队伍。因为只有坚强勇敢的队伍才能打胜仗，只有坚强勇敢的团队才能在商业竞争中越战越勇，越来越强大。

高士其是我国的科普作家。

他在外国留学时，有一次做实验，一个装有培养脑炎过滤性病毒的玻璃瓶子破裂了，病毒侵入了他的小脑。从此留下了身体致残的祸根。

他忍受着病毒的折磨，学完了芝加哥大学细菌学的全部博士课程。回国以后，他拖着半瘫的身子，到达延安工作。

中华人民共和国成立后，他的病情恶化，说话和行动都十分困难，连睁眼、合眼都需要别人帮助。但他仍以惊人的吃苦精神进行创作，先后完成 100 多万字的作品。

有人问他为何身患疾病还要这么拼，他笑着说："挫折越大，就越要坚强。只要坚强面对，就没有战胜不了的困难，这点疾病又算得了什么呢？"

试问，我们的团队，有多少能够做到像高士其老先生这样坚强的呢？

多少团队在困难面前举步不前，在挫折面前一蹶不振，正是因为缺乏坚强的品格。

而只有那些坚强面对挫折的团队，才能最终战胜一切艰难险阻，走到事业的最高峰。

总结经验，投入下次行动

对待挫折的态度是衡量一个团队是否强大的标准。

从理论上分析，任何一个团队在事业上都有成功的可能，也有失败的可能。但为什么有的团队可以不断发展壮大，而有的团队却最终溃不成军、满盘皆输，甚至退出市场，彻底灭亡？

究其原因，并不是成功的团队从未遭遇过失败，而是他们能够从失败当中总结经验，吸取教训，为下一次的竞争做准备。他们可能遭遇了一次又一次的失败，但同时，通过这些失败，他们也总结了许许多多的经验。在以后的事业道路上，这些积累起来的经验和教训让他们顺利躲过许多商业陷阱，绕过很多险滩暗礁，最后终于抵达胜利的终点。

但是那些最终从我们的视线中消失的团队，他们是怎么做的呢？

在面对失败的时候，他们或许失望，或许沮丧，却唯独没有看到希望；他们可能咒骂对手，可能埋怨同伴，却唯独不从自身找原因。不找到失败的真正原因，自然无法避免下一次的失败。或许他们也经历了屡败屡战，但是一次又一次的失败，一次又一次在同一个地方摔倒，终于有一天，他们坚持不住，接受了以彻底失败作为结局。

所以说，坚忍顽强不是一味蛮干，而是要在失败中总结经验，吸取教训，学习对手的优点，弥补自己的不足。只有这样，才有可能在不久的将来取得成功。

陈浩从厨师学校毕业后，在父母的支持下，在一个写字楼对面开了一家小饭店。他任老板兼厨师，父母帮忙做服务员兼收银员。

陈浩的手艺很好，做的菜不但色香味俱全，而且摆盘雕花样样精通。

但是经营了两个月后，生意越来越差。刚开业的时候每天还顾客盈门，但是到后来一整天也进不来十个客人。

陈浩郁闷之余，化装成客人，去附近的几家餐厅考察情况。

他发现，每到午餐时间，其他饭店都是顾客盈门，但是那些饭店的餐品并没有他做的饭好吃，价钱也并不便宜。为什么那些饭店生意还那么好呢？

他回到家，将这一情况跟父母说明，三人开会讨论了许久，终于明白了。

原来，这些饭店的顾客群体主要是对面写字楼里的白领，大家午休时间一般只有一小时，匆匆忙忙出来吃一顿饭，要求上菜必须快速。

但是他做的菜，为了讲究美观好看，总是费力雕花，精心摆盘。卖相固然好看，但是上菜速度太慢，导致很多人来不及吃完，就已到了下午上班时间，只得放下筷子，饿着肚子跑回办公室。

并且，由于父母年纪大了，上菜收盘擦桌子都不如年轻人动作迅速；脑子反应慢，收银的时候时常算错账，不是少找了零钱，就是把1号桌的单算到2号桌头上。

久而久之，大家自然不愿意来这里就餐，而宁愿选择其他口味一般但是上菜速度很快、收钱找零不易出错的饭店。

总结出了竞争对手的优点和自家店的缺点，他们便开始着手改正。

首先，将菜单上精致美观但费时费力的菜肴都换成了出锅快的小炒，取消了雕花摆盘等步骤。

其次，将父母“解雇”，重新雇用了两位手脚麻利的年轻姑娘做服务员和收银员。

最后，还出了新招，在写字楼楼下发传单，搞促销活动。

就这样，未出半个月，他的饭店就摆脱了门可罗雀的困境，生意越来越红火。

一个团队，如果能够正确认识失败，从失败中总结经验教训，积极地投入下一次行动，那么，失败对于它而言就会成为一个跳板，不但能够使它跳出困境，还能使它跳上更高的台阶。

对于一个强大的团队来说，遭遇挫折，正是它挑战自己、战胜自己的时候。而那些善于总结经验的团队，必然能够不断地优化自己、完善自己，最终走上事业的巅峰。

屡败屡战终得胜

在激烈的市场竞争中，有的团队靠自己的智慧和能力，率先获得了成功，也有一些团队由于种种原因经受着失败的痛苦。

对于一个团队而言，失败只是暂时的，只要能够做到失败之后不气馁，重整旗鼓，积极应对下一次的商场博弈，就依然有取得成功的可能。

但是，如果在一次失败之后就一蹶不振，失去信心与勇气，彻底放弃，那么就会彻底失去翻身的机会，最终只能落得“团灭”的结局。

所以说，只要不被失败彻底打倒，能够有勇气站起来，就还有成功的机会。只要有勇气屡败屡战，总有一天会取得胜利。

在中国古代，有一支军队在前线打仗，但总是被打败。

当必须向上级呈交战绩报告书时，为了据实报告，这支队伍的主帅写下了一句“屡战屡败”，心中非常难过并担忧起来，心想：此报告书呈上后，军队可能会受到严厉的惩罚。

正当他为此烦恼时，他的一位聪明的军师，在看了他的报告后，对他说：“让我来为你做点小小的修改就没事了。”

于是他拿起笔来重抄一遍，只是将“屡战屡败”改为“屡败屡战”，其余皆一字不变。

结果如何呢？报告呈上后不久，主帅接到回音，上级不但没有处罚他们，反倒因为军队坚忍顽强、不屈不挠、屡败屡战的精神而嘉奖了他们。

一个团队屡战屡败并不表示它无能，相反，能够做到屡败屡战，恰恰说明了它并未真正失败。只要一个团队的斗志还在，那么，它暂时的失败就只能算是“尚未成功”，而不是“彻底失败”。

我们要用顽强的意志来经受失败的打击和考验。能够面临失败而不灰心、不气馁的团队，才能在激烈的市场竞争中站稳脚跟。只能面对胜利而不能面对失败的团队，并不是一个优秀的团队。

团队成功的秘诀之一，在于面对失败不气馁，拥有屡败屡战不服输的信念。

屡败屡战，斗志便像狼一般一次比一次更强，愈战愈勇，最终胜利也就自然来临。

电影明星史泰龙就是一个具有狼性的人，他就是凭着屡败屡战的精神，才走上人生的辉煌之路。在未成名之前，他穷困潦倒，睡在他的小车里面，身上只有100美元。他梦想当演员，于是到纽约去找电影公司。

由于史泰龙英语不标准，长相又不怎么样，他跑了500家电影公司，都遭到了拒绝。当时他在心里想的是：过去失败不等于未来仍失败。

他又从第一家开始应聘当演员，又被拒绝500次，加起来共1000次，他心里想的还是：过去失败不等于未来仍失败。

他再次向每一家电影公司介绍自己，结果还是被拒绝。

在失败了1500次以后，他总结了自己失败的经验教训，于是他开始改变行动策略。

他写了一个剧本，名叫《洛基》。他拿着剧本到电影公司推荐，到1800次的时候，终于有一家电影公司愿意花75000美元用他的剧本，但不让史泰龙在电影里出现。

当时，史泰龙已经没有钱吃饭。但是由于条件苛刻，史泰龙没有动心，宁可不要这75000美元。他拒绝了这家电影公司的要求，让这家电影公司的老板非常惊讶。

一直到1855次，史泰龙终于当上了演员，他演的第一部电影叫《洛基》，就是他自己编写的剧本。

正是凭借这部电影，史泰龙一炮走红，最终成为好莱坞片酬最高的男演员之一。

任何事业都不怕屡战屡败，只怕没有上战场的勇气。而应对屡战屡败的最佳方法，就是屡败屡战。

林肯总统曾经失败许多次：在1831年至1860年，生意失败、爱人逝世、精神曾经一度崩溃；竞选州长、州议员、国会议员，多次失败……但最终他还是成功了，成为美国历史上一位伟大的总统。

在工作中，任何一个团队都难免遭遇失败。这时，就要抱着屡败屡战的心态，不放弃希望，继续拼搏，争取在下一次的竞争中取得胜利。只要坚持屡败屡战，终有一天能够取得胜利。

顽强的团队永不败

具有坚韧勇敢的精神是最宝贵的，具有这种精神才能克服一切艰难困苦，达到成功。

日本丰田汽车公司是当今世界汽车工业三大巨头（通用、大众、丰田）之一，能够取得这样的成绩，一个重要原因就是坚持。

20 世纪 20 年代，丰田喜一郎赴美国学习汽车制造技术，结束学业后回到日本名古屋，建立丰田公司，试制汽车，但是失败了。

但是，丰田公司没有气馁，他们决定坚持下去。

他们分析了失败的原因。当时落后的工业无法制造引擎，为了突破这一难关，他们开始自行设计引擎，并制造出来。有了引擎，他们开始制造汽车。

从 1933 年到 1936 年，他们造出了第一辆卡车和公共汽车。投放市场以后，由于油耗高、噪声大、速度慢，市场反应不佳。

面对又一次的失败，丰田公司依然决定坚持下去。他们一次又一次地改进汽车的构造，终于赢得了日本市场的认可。

20 世纪 60 年代，丰田开始试着进入美国市场。但刚一进入，就遭到惨败。皇冠轿车马力不足，根本无法在美国的高速公路上行驶。

是否就此止步？是否就此放弃整个计划？丰田公司决定坚持。

丰田说，即使只有公司名称在美国登记也好，哪怕只卖出 50 辆或 100 辆，只要建立桥头堡就行。

这一坚持就是 7 年。丰田公司花了 7 年时间才推出第一辆在美国销售成功的汽车。

现在，丰田已经走过了 80 年的历程。在这漫长的岁月中，在任何一次遭遇挫折的时候，如果丰田公司选择了放弃，那么如今它也就不会成为世界汽车工业三大巨头之一了。

丰田公司的成功，正来源于坚韧不拔的勇气与决心。

任何一个团队，无论遭受多大的挫折和磨难，只要能够坚韧不拔，不屈不挠，就终会有战胜挫折赢得胜利的一天。

美国前总统罗纳德·里根曾讲述过这样的一段亲身经历：

每当里根失意时，他的母亲就这样说："最好的总会到来，如果你坚持下去，总有一天你会交上好运。并且你会认识到，要是没有从前的失望，那是不会发生的。"

他的母亲说得很正确，当里根于 1932 年从大学毕业后，也明白了这个道理。当时里根计划在电台找份工作，然后，再设法去做一名体育播音员。

于是，里根就搭便车去了芝加哥，去敲开每一家电台的门，但每次都碰了一鼻子灰。在一个播音室里，一位很和气的女士告诉他：大电台是不会冒险雇用一名毫无经验的新手的。并且劝告里根去试试找家小电台，那里可能会有机会。

里根又搭便车回到了伊利诺伊州的迪克逊。虽然迪克逊没有电台，但里根的父亲说，蒙哥马利·沃德公司开了一家商店，需要一名当地的运动员去经营它的体育专柜。

由于里根在迪克逊中学打过橄榄球，于是就提交了申请。那工作听起来正合适，但却未能如愿。里根失望的心情溢于言表。

母亲提醒他说："最好的总会到来。"父亲借车给他，于是里根驾车行驶了70英里来到了特莱城。

里根试了试艾奥瓦州达文波特的WOC电台。节目部主任是位很不错的苏格兰人，名叫彼特·麦克阿瑟，他告诉里根他已经雇用了一名播音员。

当里根离开他的办公室时，受挫的郁闷心情一下子发作了。里根大声地问道："要是不能在电台工作，又怎么能当上一名体育播音员呢？"

里根正在那里等电梯，突然听到了麦克阿瑟的叫声："你刚才说体育什么来着？你懂橄榄球吗？"接着他让里根站在一架麦克风前，叫他凭想象播一场比赛。

结果，里根被录用了。

个人如此，团队也是如此。

如果一个团队中的每个成员都有这种坚韧不拔的态度，那么这个团队必将成为一个顽强的团队，一个不可战胜的团队，一个终将傲视群雄的团队。

从来没有"不可能成功"的团队

唐娜是一位即将退休的美国小学老师，一天她要求班上的学生和她一起在纸上认真填写自己认为"不可能"的事情。

每个人都在纸上写下他们所不可能做的事，诸如："我不可能做10次仰卧起坐。""我不可能吃一块饼干就停止。"

唐娜则写下："我不可能让约翰的母亲来参加母子会。""我不可能让黛比喜欢我。""我不可能不用体罚好好管教亚伦。"

然后，大家将纸张投入了一个空盒内，将盒子埋在了运动场的一个角落里。

唐娜为这个埋葬仪式致辞："各位朋友，今天很荣幸能邀请各位来参加'不可能'先生的葬礼。它在世的时候，曾参与我们的生命，甚至比任何人影响我们还深。……现在，希望'不可能'先生平静安息……希望您的兄弟姊妹'应该能''一定能'继承您的事业——虽然它们不如您来得有名，有影响力。愿'不可能'先生安息，也希望它的死能鼓励更多人站起来，向前迈进。阿门！"

之后，唐娜将"不可能"纸墓碑挂在教室中，每当有学生无意说："不可能……"这句话时，她便指向这个象征死亡的标志。孩子们就立刻想起"不可能"已经死了，进而想出积极的解决方法。

唐娜对孩子们的训练，实际上是我们每个人必修的功课。

如果我们经常有意无意地暗示自己"不可能"，那么，这种坏的信念就会摧毁我们的一切，而"应该能""一定能"等积极的暗示，则可以调动起我们积极的潜意识，使我们踏上成功之路。

一个团队，如果经常对自己说"不可能"："这项工作不可能完成！""这次竞标我们不可能取胜！""客户不可能喜欢我们的方案！""我们不可能打败竞争对手！"那么，这种种的不可能一定会变成现实，因为团队首先失去了斗志，失去了顽强拼搏的勇气和动力，又怎么可能将工作做好呢？

反之，如果一个团队经常说的话是"我们一定能做好这项工作""我们一定能在谈判中取胜""我们一定能解决这次危机""我们一定能创造最好的业绩"……那么，首先就给自己鼓足了勇气，让自己可以充满干劲儿地进行工作，可以坚强勇敢地迎接一切困难与挫折。

如果二者相争，显然，在商场上，能够最终取胜的必然是后者。

作为一个团队，只要还有一线希望，就不要说什么“不可能”。

这个世界上，从来就没有不可能成功的团队，只有自暴自弃的团队，只有不思进取的团队，只有不够顽强、经不住打击的团队。

而我们要做的，绝对不是这样一个团队。

我们应该成为一个勇敢、坚韧、顽强的团队，时刻都告诉自己“我能行”。只有这样，才能在激烈的竞争中始终保持斗志，不断发展壮大，成为一个了不起的优秀团队。

第七章

乐观豁达：阳光会给你最好的疗效

人类被赋予了一种工作，那就是精神的成长。

——列夫·托尔斯泰

任何新生事物在开始时都不过是一株幼苗，一切新生事物之可贵，就因为在这新生的幼苗中，有无穷的活力在成长，成长为巨人成长为力量。

——周恩来

我们的青年是一种正在不断成长，不断上升的力量，他们的使命是根据历史的逻辑来创造新的生活方式和生活条件。

——高尔基

在团队中树立优秀典型

当今社会，企业要在激烈的竞争中立于不败之地，就要保持不断地发展。同样，每个员工也要保持不断地进步，才能跟上企业的脚步，与企业共同发展。

企业需要发展，就需要越来越优秀的人才。如果一个人不思进取、停滞不前，不但不能为公司的发展做出贡献，反而会成为公司发展的阻碍。这就要求我们的员工，在平时的工作中，要不断学习，注重能力培养，提升自己的竞争力，成为团队中的优秀者。

在一个团队中，我们总可以看见这样一群人，他们总是热情地和同事们打着招呼，精神抖擞、积极乐观；他们总是积极地寻求解决问题的办法，即使在受到挫折的情况下也是如此。因此，这一群人总能成为团队的焦点，同时，也是大家学习的对象。

我们常常可以看到这样的现象：在一个企业里，如果有一位员工经常早早地来到公司，那么这个企业就会有越来越多的人早早地来到公司；当一个公司重有人做事总是很积极，那么这个公司就会有越来越多的人是积极的。

一个优秀的员工，可以起到积极的引导作用。在一个团队里，每个成员都会努力向团队中最优秀的员工看齐。通过员工之间正常的竞争可以实现激励功能，而且这种激励不是单纯停留在物质的基础上，还能得到团队的认可，获得团队中其他员工的尊敬。

一位海外归来的博士，回国后在一家公司里工作。不久，同事们便把她看成办公室的“另类”，因为她从来不用大家都习惯用的一次性纸杯和筷子，总是自备水杯和筷子；她拒绝吃用泡沫塑料盒装的盒饭，总是自备餐具；别人哪怕浪费一张纸她也忍受不了，总是刻意地提醒同事要注意节约，她自己更是经常拿用过一面的纸写字和打印文件；办公室里的电器一旦用不着的时候，都是她主动把它们关掉。

同事们认为她根本没有必要这样做，毕竟公司的实力还算雄厚，每个月的赢利也很可观，更何况老总也没在这方面有更多的要求。

可是博士依然我行我素。几年后，当女博士离开那家公司时，那家公司的办公作风已经改变了：博士的那一系列原来被同事看成“另类”的行为，现在成了每位员工主动完成的事情。同事们也真正体会到了博士的可贵之处。

现在，公司的实力更加雄厚了，而这中间有一部分是员工养成好习惯所带来的利润。为了奖励员工日常工作中的勤俭节约，公司决定给每位员工增加20%的工资，如果当年的利润又创新高，在年终时还会有特别福利，这样就更提高了员工的工作积极性，不仅企业效益更上一层楼，工资也跟着水涨船高，何乐而不为呢？

一个优秀的员工，在团队中总能起到积极的引导作用。

在团队工作中，如果员工能够以积极的心态享受工作，工作就会变成很快乐的事情；而当员工在工作时感到了快乐和享受，就会更加充满热情地对待眼前的工作，那么大家的工作状态和运气也才会良性循环，越来越好。

其实，在很多问题上，我们要做的，是用积极的行动去感化别人，而不是任由别人负面的东西来影响自己。

榜样的力量是无穷的。

微软公司的总裁比尔·盖茨认为，在一家具有整体高智商公司里工作的雇员，如果能够有效地协作，就会使公司的聪明人彼此发生可能的联系。即当这些高智商的人才良好协作时，其能量会冲出一条路；团结，交叉合作的激励会产生新的思想能量——那些新来的，不太有经验的雇员也会因此被带动到一个更高的水平上，从而实现整体利益的最大化。

人人都有机会做到最好。聪明的做法是为团队树立一个优秀的典型，让这名优秀的员工去感染其他人，带动整个团队共同进步。

优秀的员工不满足于现状

在一个团队中，我们常会看到一些员工总是喜欢和自己较劲儿，以期达到“永不满足”。而这样的员工往往都是很优秀的。因为，不满足能够激励一个人从弱者变成强者，从失败走向成功。一个不满足于现状的员工，总能走在企业的前列。

美国某铁路总经理，年轻时在三等列车上做管理人员，周薪只有 12 美元。

有一个老工人对他说：“你不要以为做了管理人员，就觉得了不起。告诉你，你想当车长，还得好几年呢。到那时，你才可以趾高气扬，享受一周 100 美元的待遇。”

没想到这位年轻人满不在乎地说：“你以为我做了车长就满足了吗？我还准备做公司的总经理呢。”

正因为这位年轻人不满足于现状，他才最终实现了愿望。

一个员工就要永不满足，这样才可以改变你的现状。你在自身上下一分功夫，就足以助你在事业上长进一分。

富兰克林人寿保险公司总经理贝克说：“我奉劝你们员工要永不满足。这个不满足的含义就是永不止步，就是积极进取。这个不满足在世界的历史上已经导致了很多真正的进步和改革。我希望你们绝不要满足。我希望你们永远迫切地感到不仅需要改进和提高你们自己，而且需要改进和提高你们周围的世界。”

人们常常会看到一些天分颇高的员工，一生只做些平凡的事。他们天分虽高，却没有受过充分的训练、培养，他们从来没有意识到自己应该进步。他们熙来攘往，所看到的只是月底领薪水，以及领到薪水以后几天的快乐时间，结果他们的一生都是平平庸庸的。之所以这样，就是因为他们满足于现状。

某集团公司的食堂门口贴出了一张与众不同的海报。以往的海报都像借条，干巴巴的几句话，只要内容清楚明白就行了。可是这次的海报却更像广告，多了几分激情，多了几分煽动，策划者显然融入了更多的心思在里面。

海报的内容是这样的：如果你想要升职，就请来报名参加一个月后的竞聘吧，职位分两种：一是培训专员，二是职场规划师。

食堂进出的人多是基层员工，海报贴在这里，有的员工视而不见；有的员工出于好奇会跑来看一眼，然后说说笑笑吃饭去了；也有一部分人，看了海报后心里产生了强烈的反应，比如此时的刘睿，虽然表情上他和大家一样，但是眼神离开海报后，心思还在被海报上的内容搅动着。

刘睿已经是这个公司的中层管理者了，但是他觉得自己应该努力再上一个台阶，这可能就是一个很好的机会。于是，在别的员工闲暇时间都在打闹和看电影的时候，刘睿开始了认真的准备，最后的结果大家也能猜到了，刘睿拿到了职位，薪水也得到了大幅度的提升。

有句古老的名言："一个人的思想决定一个人的命运。"任何人只要满足现状，就会对自己的潜能画地为牢，只能使自己无限的潜能化为有限的成就。

要知道，在一个团队中，同事间既存在合作，也存在竞争。只有那些不满足于现状的员工，才能不断鞭策自己，努力学习、进步，变得越来越优秀，同时也能够为团队贡献更大的力量。

最出色的员工永远是那些不知道满足的人。因为永远不知满足，所以他们才能在工作中始终坚持积极进取、努力奋斗的精神，也才能够不断超越自我、完善自我，创造更加辉煌的成就。

企业的发展和进步需要更多积极进取的员工来实现，更多的成就和业绩需要那些不断超越自我的员工来创造。

好员工懂得自我"充电"

如今社会经济的发展日新月异，各种工作所需的知识层次也日益升高。如果一名员工知识底子薄，不愿意付出艰苦再去深造，而且还墨守成规，等待他的就只能是落伍淘汰。

再学习、再培训已成为当今职场的一种时尚。在做到真正地认识自我的基础上，针对自身的薄弱环节而不断充实自己、提高能力，即我们常说的生活中要不断"充电"。只有这样，才会保持前进的动力。

越来越多的职场中人选择"充电"来提高自己的竞争力。为适应现代竞争激烈的社会潮流，无论是面对社会的竞争还是企业的竞争，通过"充电"增强自己的竞争力，才有可能逐步升职、提高薪水，取得成就。

众多的人二次进修，是因为随着全球经济的一体化，我国的经济形势也发生了巨大的变化，不管是老板还是员工，人们都深刻认识到要与时俱进，必须认清形势，提高自身素质。“充电”是防止知识、能力“折旧”的最有效的办法。

现在，人们不只是忙于专业技术培训和技能培训，而且已经开始盛行对口才、人际沟通、心理状态等体现综合素质的“软充电”。

王露研究生毕业后，受聘于一家规模较大的贸易公司，经过两年多的拼搏就做上了项目部助理。

她一向积极的工作态度和良好的工作业绩，赢得了领导的信任，一年后又被提升为了总经理助理。

升职后，她感到工作压力明显增大。

按理说，她研究生毕业学历已经不低，可是真正工作起来有时还真感到有些力不从心。所以她一直不忘学习，积极总结工作经验，积极进取，不断地提高自己的综合素质。工作内容也开始扩大范围，从项目管理拓展到了财务管理、人力资源管理、市场开发等方面。

她清楚，更高的职位必然对自己提出更高的要求，只有不断提高综合素质，才有可能获得晋升。所以在工作中，她非常注意积累经验，并利用业余时间系统学习了人力资源相关课程。

后来，果然功夫不负有心人，公司的人事主管退休后，王露不费吹灰之力就补上了这个“缺”。

三年之后，她顺利晋升为人力资源总监。

现今社会的人们，面对这种越来越激烈的竞争，很多职场人士早已经意识到了参加培训、给自己不断“充电”的重要性。

徐涛大学刚毕业就来到一家IT公司工作，现在已经工作四年了。

可是作为老员工的他，在这次公司进行人事调整中不但没能被提拔，反而被冷落在一边无人问津了。

虽然他的技术并没有过时，但是，他失败的致命原因就是他的技术过于单一。

这一点徐涛自己也意识到了，他也明白，自己的确是应该去“充电”了，自己的技术需要更加完善才行，只有这样，才能很快适应公司的调整。本来IT行业的知识更新就非常快，如果自己追不上，一定会被淘汰的。

当今时代是信息爆炸的时代，知识的保鲜期越来越短，文凭的时效性也越来越短，变化莫测的市场对每个人的知识要求也变得越来越苛刻。

员工要想适应当今社会的生存法则，要想自己关键时刻不掉链子，就要学会积极“充电”，不断“充电”。只有这样，才能提高在职场中的竞争力，才能在企业中成为优秀的一员。

不要停止学习的脚步

一棵苹果树，饱受无数的风吹雨淋之后，终于结果了。

第一年，它结了10个苹果，9个被拿走，自己得到了1个。对此，苹果树愤愤不平，觉得自己付出太多，得到太少，吃了大亏，于是自断筋脉，拒绝成长。

第二年，它结了5个苹果，4个被拿走，自己得到1个。“哈哈，去年我得到了10%，今年得到了20%！翻了一番。”这棵苹果树心理平衡了。

第三年，这棵苹果树结了3个果子，又瘦又小，被人拿走2个，自己得到1个。“哈哈，今年我得到33%，越来越多了。”苹果树窃喜了。

第四年，这棵苹果树只结出一个果子，又涩又酸又小，果农看了看，转身走了。苹果树却大喜：“哈哈，我得到了100%，那人一个也没有得到！”

第五年，这棵苹果树一个果子也没结，被果农砍掉劈柴烧了。

我们身处知识更新越来越快的时代，所学到的知识总是越来越不够用，学习的重要性不言而喻。

越来越多的人认识到，企业间的竞争越来越厉害，“一次性学习时代”已告终结，学历教育已被终身学习所取代，企业间的竞争最终会落到对各行业人才的竞争上。

只有当整个企业的员工都具有很强的学习能力时，企业才能具有更强的竞争力。

如果认为学习是一劳永逸的事，只要掌握了一技之长就可以终生无忧，那么一旦遇到社会环境或工作环境的变革，就可能猝不及防。

程伟大学毕业后进入一家建筑设计院工作。入院第一年，他就设计了几个非常漂亮的工程。在年度表彰大会上，院长点名表扬了程伟，说他年轻有为、有思想、有潜力，院里非常需要这样的人才。

从此，程伟在众人心目中的位置发生了改变。走在路上，同事们看他的眼神都不一样了。也难怪，这么年轻就受到院长青睐，将来肯定前途无量。

该院宣传科一连刊登了几版专栏介绍程伟的先进事迹，称他是新时期的标兵、楷模。程伟的工资也一调再调，5个月之内连升3级。

在众人的追捧之下，程伟也飘飘然起来。

以前在设计之初，他总是先到网上大量浏览国际上同类作品的顶尖设计，再结合客户的具体要求寻找灵感。如今，他已不再动什么心思，凭他在院里的赫赫名声，只要将以前的设计图纸稍微改头换面，再挂上他的名字，一般的客户都会欣然接受。即使客户有意见，他便以专家的身份做出一番阐述，并不一定要以客户的要求为准。

就这样，两年过去了。

一次，该院承接了一个大项目。院长非常重视，亲自点将让程伟担任设计小组的组长。程伟走马上任。

但这个项目无论从规模还是要求上都并不像他想象的那么简单，程伟一连拿出的3个设计方案都被客户否决了。客户开始怀疑该院的设计水平，院长压力陡增，严令程伟拿出令客户满意的方案。

程伟绞尽脑汁，用了两周时间总算拿出了一个客户勉强可以接受的新方案。但他觉得这个方案创意陈旧，临交工时又对方案进行了局部修改。客户对此极为不满，竟断然终止了与该院的合作。

此事在该院引起了轩然大波，各种风言风语传得沸沸扬扬。程伟不得不在全院职工大会上做书面检讨，并被扣发当年奖金。

程伟从高高的巅峰一下子跌入了深深的谷底。

在这个10倍速发展的时代，如果你停留在原地不动，很快就会被时代淘汰。要想拥有持久的竞争力，我们就必须保持随时更新自我的意识。

在台北市有一位20来岁的发型师。虽然他理一次头发的价钱至少是同行的5倍，但他的客户依然络绎不绝。在这些人中，不乏知名歌手、影星和主持人，有人甚至专程从台中赶到台北来请他设计发型。

虽然他的理发店很小，但收入绝不逊色于一个中型企业的老总。

他的成功秘诀除了技艺精湛外，就是不断进修。

几乎所有的专业时尚杂志，他都有订购。每天他都要通过网络了解国外最新的发型设计潮流。

他每隔一段时间，就要自费到欧美一些国家进修。据说当年球星贝克汉姆还没有红及台湾时，他就已经在为客人剪“贝克汉姆发型”了。

在他去国外进修期间，总有一大批人宁可留着长发，也要等他回来以后再理。

所以说，面对飞速变化的环境，我们只有及时地更新自己，站在行业的最前沿，为即将到来的变化做好应对准备，才能占尽先机，在时代的洪流中有一番作为。不要停止学习的脚步！这不仅是时代对我们的要求，更应该成为我们的一种良好的习惯。

提高能力才能更好地为团队服务

在团队中，优秀成员的一个重要表现就是随时随地提高自己，为企业做出更多的贡献。一旦一名员工能够把忠诚牢记于心，在平时的工作中就会不断地学习，增强自己的经验与技能，就能为企业贡献更多的力量。

企业中，尤其是知名企业中，在挑选员工时，一个重要的标准就是看这个员工是否能通过不断学习来提高自己，不管他现在的能力有多强，经验有多丰富，只有懂得不断丰富自己的员工才是企业所需要的员工。

王磊和高远同时被某市一家电网公司录用为程序员。

王磊毕业于一所著名大学的电子专业，他才华横溢，设计的程序简洁明了，而且漏洞非常少，一开始就赢得了公司主管的青睐。

而高远却是靠自学成才的，他甚至连一个像样的文凭都没有，有人私下造谣说，高远之所以能够被录取，是因为有“后台”的缘故。

为此，王磊总是瞧不起高远，他甚至说：“和这样的人在一起工作，简直是我的耻辱。”平常的工作量对王磊来说很轻松，所以他花费了大量的时间用于交际、玩乐，而高远却只能靠加班加点才能勉强完成工作任务。

就这样过去了一年多，高远却被提升为设计部主管。对此王磊愤愤不平找上级领导抱怨：“只要高层有亲戚就可以顺利提升吗？难道我们从不考虑工作能力吗？”

上司给王磊拿来一份高远的设计程序，王磊看了后大吃一惊，高远的设计程序和原来相比竟然有了脱胎换骨的进步！简直可以用完美无缺来形容。

原来，在王磊得意于自己才能的同时，高远却在不断努力学习，而此时，高远设计出来的程序已经比王磊的优秀得多了！

又过了几年，高远成为总公司的高级主管、高级程序设计师。而王磊，依然是一个普通的程序员。

王磊在安逸的生活中忘记了变化的存在，而高远却通过不断学习来充实自己、提高自己，最后在变化当中独领风骚。

在现代职场中，不管你的团队是从事哪种行业，没有知识总是愚蠢和可怕的，不继续加强知识和技能的深化更是可悲的。

因此，我们要鼓励员工随时随地不断提高自己，为我们的团队加把力。不要停滞不前，不断进步才能与企业共同发展。

在一个团队中，也许每个人都需要发挥自己的作用。但是，不可否认的是，一个能力更强、工作做得更好的人，往往为团队的发展贡献得更多。而这样的人，势必会受到领导的重视，自己也能因此得到更大的发展。

企业是员工实现人生目标的舞台，员工是企业得以持续发展的基石，只有企业发展了，员工才会获得进一步的成长；同样，员工进步了，企业也会随之实现成长。

不断进步才能与团队共发展

一家公司规模扩大后，公司的管理层发生了改变，很多人都在担心自己的职位会不会不保。只有老王完全没有放在心上。因为作为一位资深的老员工，他觉得自己是跟随董事长白手起家的人，这么多年来没有功劳也有苦劳，董事长应该不会忘恩负义，撤换自己部门经理的职位。

但是，新的人事结构表结果出来那天，着实让老王大吃了一惊。董事长居然真的撤掉了自己部门经理的职位！

他非常生气地冲到董事长办公室说："我跟了你这么多年，你连一个小小的部门经理都这么计较吗？难道我这么多年来做个部门经理都不够格吗？"

董事长知道老王一定会来，便安抚他说："老王，先坐下，你慢慢听我说。"

"你知道的，我们公司现在规模扩大了，需要更好的管理班子来执行。你也知道，这么多年来，你在公司也没有学习新的知识，你看看哪个新来的不比你的业务知识好？公司这些年也对你不错了，现在撤掉你的职位，是希望你能多学一点东西，你要是做得好，我保证马上恢复你的职务。”

老王听了董事长的话，点点头，他知道是自己理亏。

当然，明白了个人成长与事业发展同步的道理，还需要落实到具体的行动上。这行动便是脚踏实地去做好每件事，并且提升自己的价值。

知识是第一生产力，一个没有知识的民族是没有前途的民族，同样，一个没有文化的企业也是一个没有发展潜力的企业。在这个飞速发展的社会，只有不断地学习、紧跟时代的潮流，才不会被社会所淘汰，被企业所抛弃。

划过船的人可能都有这样的体会，只有大家节奏一致共同向前划的时候，才能以最快的速度前进。如果其中有一个人跟不上整体的节奏，那么整条船的速度就会受到影响。

同样，企业的前进也需要每个人都保持向上的劲头和工作节奏，只有这样，才能让企业之舟全速前进。为了克服外部恶劣环境所带来的种种困难，所有人都必须像团结的船员一样，朝着一个方向努力。如果有一个人跟不上这个不断前进的节奏，就会妨碍整个企业的进程，就无法帮助企业度过困难时期，而等待他的，也只有离开企业的结局。

一个人的成长与事业发展同步，特别是当这个平台是一个优秀的团队时，对个人的成长要求也会越来越高。员工只有让自己的成长与事业的发展处于同一平台之上，才是获取成功的最佳保障。

露西是一个聪明热情的女孩子，她性格开朗活泼，待人真诚，常常为周围的朋友排忧解难，因此她的朋友很多。

露西现在的工作是在华尔街一家知名股票交易所做资深分析员，她的业绩一直很好，她的老板也很器重她，她已经在这家交易所干了5年多。这里的工作给了露西丰厚的待遇和广阔的发展空间。

在去年交易所生意冷淡的时候，老板解聘了几名分析员，但露西被留了下来，而且老板还给她一个月的带薪休假期，这种情况在失业率居高不下的当时实在是少见。

安娜是露西的朋友之一，她最近失业了，心情非常不好。她找到了露西，希望能够和露西吐吐心中的不平："我在这个企业干了两年多，现在企业发展了，每天都在招新人，我却被企业一脚踢了出来，你说这是为什么？"

"噢，安娜，听到这个消息我感到很遗憾，不过我也不知道你们企业的具体情况，我想这不全是你的问题！"露西知道安娜现在很需要安慰，于是她轻声地劝慰她。

安娜似乎也不想谈自己的倒霉事，她问露西："露西，你一向那么能干，我不知道你是怎么做到这些的。我知道你们那一行的失业率更是居高不下，不过你一直都做得很好。"

谈到自己的工作，露西很高兴，她说："我喜欢这份工作，它很有挑战性，而且这一行业发展也很快，也正因为如此，我总是竭尽全力提高自己。我害怕有一天自己会跟不上同事们的脚步，或者被迅速发展的企业所淘汰，最终成为掉队的那一个。"

安娜为露西的话感到吃惊："你怎么会成为掉队的那一个，你是那么的优秀，而且你的业绩一向那么突出。"

"我的业绩确实一直不错，不过企业发展得很快，而且同事每天都有新的进步，我甚至都能感受到企业前进的步伐在催促着我每天都要前进，还好我从来没有掉队。从懂事的时候起，父母就常常告诉我‘不要成为掉队的那一个’，在后来的学习和工作中，我也习惯了一直激励自己，直到现在。”露西说道。

安娜似乎有所领悟：“‘不要成为掉队的那一个’，连你这么优秀的人都经常以此来激励自己，而我却总认为自己做得已经足够好了。如果我早些听到这些话，可能现在就不会如此窘迫了。”说着说着，安娜的声音忽然提高了：“不过现在也不晚，对吗？露西。”

露西很高兴听到安娜这么说：“是的，安娜，希望我们都不要成为掉队的那一个。”

不要成为掉队的那一个，这句话说得多好啊！

企业的发展若跟不上时代的要求，就会被市场大潮所吞没；个人发展若跟不上企业的发展，就会成为下一个被裁员的对象。

因此，为了在激烈的商场中拥有一席之地，为了不被竞争对手击垮，为了成为企业中的一棵常青树，企业必须加快发展的脚步。如果企业有丝毫懈怠，或者因为某些原因放慢了发展的脚步，那么企业现有的地位马上就会被动摇。

在这种形势下，企业中的员工必须具有强烈的竞争意识和发展意识，然后紧紧跟着企业迅速发展的脚步。

鼓励员工每天进步一点点

1983年，伯森·汉姆徒手攀壁，登上纽约的帝国大厦，在创造了吉尼斯纪录的同时，也赢得了“蜘蛛人”的称号。美国恐高症康复联合会得知这一消息后，致电“蜘蛛人”汉姆，打算聘请他做康复协会的心理顾问，因为在美国有8万多人患有恐高症。

康复联合会中心的负责人打电话给联席会主席诺曼斯，让他查一查第1024号会员。这位会员很快被查了出来，他的名字叫伯森·汉姆。原来他们要聘为顾问的这位“蜘蛛人”，本身就是一位恐高症患者。

诺曼斯对此大为惊讶。一个站在一楼阳台上都心跳加速的人，竟然能徒手攀上400多米高的大楼，这确实是件令人费解的事，他决定亲自拜访一下伯森·汉姆。

诺曼斯来到费城郊外的伯森住所。这儿正在举行一个庆祝会，十几名记者正围着一位老太太拍照采访。

原来伯森·汉姆94岁的曾祖母听说汉姆创造了吉尼斯纪录，特意从100公里外的葛拉斯堡罗徒步赶来。她想以这一行动，为汉姆的纪录添彩。谁知这一异想天开的想法，无意间创造了一个耄耋老人徒步百里的世界纪录。

《纽约时报》的一位记者问她：“当你打算徒步而来的时候，你是否因为年龄关系而动摇过？”

老太太笑着说：“小伙子，打算一口气跑100公里也许需要勇气，但是走一步路是不需要勇气的。只要你走一步，接着再走一步，然后一步再一步，100公里也就走完了。”

恐高症康复联席会主席诺曼斯站在一旁，一下明白了伯森·汉姆登上帝国大厦的奥秘，原来他只需要一步一步往上爬就可以了。

在这个世界上，创造出奇迹的人，正是那些一步一步往上爬的人。

也许不是每一位员工都能成为团队中最优秀的人，但是只要大家都保持努力，一天进步一点点就够了。不要小看这一点点，每天小小的改变，日积月累会有大大的不同。

成功与不成功之间的距离，并不像大多数人想象的那样是一道巨大的鸿沟。成功与不成功之间的差别只在一些小小的动作：每天花10分钟阅读、多打一个电话、多努力一点、多一个微笑、演出时多费一点心思、多做一些研究，或在实验室中多试验一次。

伟大的哲学家冯·哈耶克告诫道："如果我们多设定一些有限定的目标，多一分耐心，多一点谦恭，那么，我们事实上反倒能够进步得更快且事半功倍；如果我们自以为是地坚信我们这一代人具有超越一切的智能及洞察力并以此为傲，那么我们就会是得其反，事倍功半。"

成功就是每天在各方面进步一点点。每天进步一点点是卓越的开始，每天创新一点点是领先的开始，每天多做一点点是成功的开始。

纽约的一家公司被一家法国公司兼并了。在兼并合同签订的当天，公司新的总裁就宣布："我们不会随意裁员，但如果你的法语太差，导致无法和其他员工交流，那么，我们不得不请你离开。这个周末我们将进行一次法语考试，只有考试及格的人才能继续在这里工作。"

散会后，几乎所有人都拥向了图书馆，他们这时才意识到要赶快补习法语了。只有威尔森像平常一样直接回家了，同事们都认为他已经准备放弃这份工作了。

令所有人都想不到的是，当考试结果出来后，这个在大家眼中肯定没有希望的人却考了最高分。

原来，威尔森在大学刚毕业来到这家公司之后，就已经认识到自己身上有许多不足。从那时起，他就有意识地开始了自身能力的储备工作。虽然工作很繁忙，但他坚持每天提高自己。

作为一个销售部的普通员工，他看到公司的法国客户有很多，但自己不会法语，每次与客户的往来邮件与合同文本都需要公司的翻译帮忙。有时翻译不在或兼顾不上的时候，自己的工作就要被迫停顿。因此，他早早就开始自学法语了。

同时，为了在和客户沟通时能把公司产品的技术特点介绍得更详细，他还向技术部和产品开发部的同事们学习相关的技术知识。

这些准备都是需要时间的，他是如何解决学习与工作之间的矛盾的呢？

就像他自己所说的一样："只要每天记住10个法语单词，一年下来我就会3600多个单词了。同样，我只要每天学会一个技术方面的小问题，用不了多长时间，我就能掌握大量的技术了。"

威尔森能够应对多变的形式，就是每天学习一点点，每天进步一点点。

成功就是简单的事情重复去做，每天进步一点点。一个人，如果能每天进步一点点，哪怕是1%的进步，试想，有什么能阻挡得住他最终的成功呢？

每天进步一点点，虽然只有一点点，可是我们仍在进步，仍在前进。怕就怕止步不前，这样你永远都成功不了。

成功与失败往往只差这么一点点，每天多做一点点，慢慢地，你会发现自己离成功已经不远了。

如果在一个团队中，每个员工都能保持每天进步一点点，那么这个团队的进步该是多大的进步，假以时日，这个团队一定会优秀得让人难以置信。

团队需要不可替代的员工

在当今职场中，企业一旦出现危机，裁员就成了企业压缩成本的最后武器。残酷的现实所导致的直接结果就是没有工作的人难找工作；而有工作的则人人自危，担心工作不保。只有那些不可替代的员工，才可能在任何的竞争或者危机中，立于不败之地。

常常会有一些员工抱怨企业没有给自己施展能力的机会和平台，总是在想自己到公司几年了还是不能得到上司重视，薪水与职位还是和刚来时一样，不但没有得到任何改善，而且还有随时被解雇的可能。

这样的员工，往往没有从自己身上找原因，不知道自己比别人差在哪里。他们不清楚自己的弱项，也不清楚别人的强项，毫无优势可言，又怎么可能获得职位与薪水的提升呢？

要想在一个团队中脱颖而出，最重要的就是成为团队中不可或缺的人才，拥有超出常人的技能。因为只有这样的员工，才是企业真正需要的，才是不可能随随便便被替代的。

在一家五星级大酒店里面有个小厨师，是个看起来很不起眼的临时工。他的职位只是个在厨房打下手的小杂工，平时所做的不过是洗菜、择菜、切菜的零散工作，偶尔在用餐时间繁忙的时候还要帮忙端盘子送菜。

就是这么一个杂工，却有一手做苹果甜品的绝活：他能把两个苹果的果肉放到一个苹果中去。虽然这是一个不起眼的小菜，却深得一位很有地位的贵妇人的钟爱。她在品尝过后，特意约见了做这道甜品的小厨师。

这位贵妇人在这家酒店长期包了一套最昂贵的套房，但是一年也来不了几次。但只要她每次到这里来，就会指名点这位小厨师做的苹果甜点。

这家酒店，由于不断进行经营风格上的调整，因此几乎每年都要裁去一定比例的员工，遇到经济低迷的时候，裁员的规模会更大。然而，不起眼的小厨师却能够年年稳坐自己的位子。

后来，酒店的总裁告诉小厨师，那位贵妇人是他们酒店最重要的客人，而他因此也成了酒店不可或缺的人。

竞争是社会发展的必然规律，在团队中同样如此。因为只有竞争才能使行业进步，只有出现危机，我们才会迫使自己进步，以适应大环境的前进步伐。

一个员工可不可以被替代，不取决于他从事的岗位有多重要，而是取决他能否在自己的岗位上做到别人都无法做出的成绩。只有那些无可取代的员工，才是企业的重要人力资本，才能在最重要的场合派上用场。

作为管理者，应该不断鼓励员工学习技能，提升自己。如果团队中的每一个人都有一项十分优秀的技能，那么这个团队一定是无比强大的。

第八章

互助法则：取长补短，携手共进

活着，为的是替整体做点事，滴水是有沾润作用，但滴水必加入河海，才能成为波涛。

——谢觉哉

你要记住，永远要愉快地多给别人，少从别人那里拿取。

——高尔基

凝聚产生力量；团结诞生希望。

——席勒

与员工分享胜利果实

可以说，在一个团队里，取得的任何成就都是凝聚了所有团队成员共同的心血，不是仅靠哪一个人的力量就能取得的。哪怕这个关键的点子是你提出来的，你也不能独占成功的果实，因为没有团队其他成员的执行，再好的点子也不可能转化为成果。

所以，在享受荣誉的同时，我们绝对不能忘记那些和自己一起努力或者曾经帮助过自己的人，让所有曾经参与的人都分享荣誉和喜悦。

这样的领导，大家往往乐于看到他的成功，当他获得成功的时候往往得到的是赞许和掌声，而且大家以后会更加努力地团结在他周围，去争取更大的成功。

因为大家知道，不管取得多大的成功，他都不会忘记曾经帮助过自己的人，大家都会有所回报。而那些一旦获得荣誉，眼睛就从正常的位置挪到头顶上的人，仿佛自己已经超越了别人，连说话都高傲起来。这样的领导，是在把自己与团体隔离开来，最终的结果是害了自己。

一个高高的悬崖上有一串熟透了的果子，一群猴子发现了它们。但是，悬崖实在太陡峭了，仅仅靠一只猴子的力量是无法摘到果子的，于是猴子们配合起来搭起了“猴梯”，让处于最上面的猴子成功地攀上了悬崖，终于摘到了果子。

然而，摘到果子的猴子忘记了摘到果子是大家团结合作的结果，独自在悬崖上大嚼起来，丝毫不理会下面的猴子。

下面的猴子生气了，它们撤去了“梯子”。摘到果子的猴子在吃完了所有的果子后却怎么也找不到下来的路，最后饿死在悬崖上。

从短期看，最上面的猴子似乎占到了便宜——在别人的帮助下自己独享了胜利果实。但是从长远看，正因为这只猴子贪占小便宜的行为而使自己付出了巨大的代价。结果使它被团队抛弃，导致自己丧命，可以说是因小失大。

在一个团队中，任何一个人取得的成就都不是属于个人的，更不应该独占。与他人分享成功，是成功融入一个团队中最好的方式。

私心人人都有，这并没有什么不好。但是，如果把私心建立在团队的成绩之上，据团队成绩为己有，就一定不会被大家接受。

要知道，分享越多，成就越大。与人分享并不会减少你的成就感，反而会使你更自信，队伍更壮大，成绩更显著。所以，真正优秀的管理者，从来不怕分享成果、不怕分享技术，更不怕分享成功。

有个农民用优质的玉米种子获得了丰收。他的邻居们纷纷请求他能卖些新种子给他们，可是这个农民为保持自己的优势，断然拒绝了大家的请求。

但从第三年开始，这个农民的玉米收成差了，到了第四年，更是明显地减少。最后，他终于找到了其中的原因：原来自己的优质玉米，接受的却是邻居田中的劣等玉米的花粉。

一个人拥有优势时，要明白，若想继续强化自己的优势，必须学会共享。因为在同一个团队中，一荣俱荣、一损俱损是发展中的必然规律。

一个良好的团队,不仅需要精神上的鼓励,更需要物质上的支持。某个人取得成就的时候,千万不要忘了一起拼搏努力的其他团队成员。只有分享,才能共赢。一个人也许会偶尔胜出,但是,保持一贯胜出的人绝对离不开团队的协作。

作为团队的管理者,更要懂得与员工分享胜利的果实。不能有了荣誉自己上,失败错误让员工背锅。这样的领导是无法让员工死心塌地追随的。

正确的做法是,成功时,将胜利果实与团队成员共同分享;失败时,主动从自身找原因。

只有这样,才能让团队成员齐心协力,帮助你共同实现团队目标。

学会借助团队的力量

大家都知道,每个人的力量都是有限的,甚至有时候我们不得不承认自己是渺小的,力量是微弱的。在这种情况下,我们如何才能实现发展壮大的愿望呢?

一个人是完不成大合唱的,必须借众人之力。想成大事者,最紧要的任务是学会如何打"借"字牌,从他人那里获得资源,获得力量,以凝聚成大事的力量。

犹太人的成功无论是在商界还是在科技界都毋庸置疑,而这众多的成功者都拥有着同一个本领,那就是善于借助别人的力量。

犹太人密歇尔·福里布尔可以称得上是一位成功的商人,而他在经商刚起步的时候不过是一家小食品店的老板。

后来他之所以能够成为世界最大的谷物交易跨国企业的老板,

主要因为他善于借助先进的通信设备和科技以及一批懂得高端技术的人才。

为了得到最先进的通信设备，他可以提供高出别的公司几十倍的薪水去聘请世界顶级的管理人员和技术人员。

或许有人会说：像他这样获得成功的人真是凤毛麟角，平凡又普通的你我不可能获得像他那样的成功。然而事实上，正因为你是一个普通人，所以你需要借助团队的力量来实现自己的目标。

要想成为一名优秀的管理者，必须抛弃“独行侠”的意识，融入团队中去，学会与团队成员合作。

你会发现，利用好团队的力量对工作的完成有着不可忽略的作用。一个不会借助团队力量的管理者，无论他个人多么优秀，那么也是很难成就一番事业的。

汉高祖刘邦平定天下以后，设宴款待群臣时说：“运筹帷幄，决胜千里之外，朕不如张良。治国、爱民和用兵，朕不及萧何。统率百万大军，百战百胜，朕不及韩信。但是，朕懂得与这三位天下人杰合作，所以朕能得到天下。反观项羽，连唯一的贤臣范增都团结不了，这才是他失败的原因。”

我们都知道，论本事、论才能，“力拔山兮气盖世”的项羽都远远在刘邦之上。而刘邦能够取得最后胜利的最大原因在于，他懂得借助各个方面优秀人才的力量。到了今天，团队的力量对于个人发展越来越重要。一个人的力量是有限的，只有在团队的帮助下才能到达最高峰，无论是生活还是事业的最高峰。

个人英雄主义的时代已经过去，现在的社会越来越多地依赖于团队的力量，而不是个人的力量。由于社会的专业化分工越来越细，每个人都需要与其他人协作。

如果你仔细观察地上忙忙碌碌的蚂蚁，就会发现一个奇特而有趣的现象：一只蚂蚁在发现了自己拖不动的食物之后，会立即去招呼同伴来帮忙，于是你会看见一个比蚂蚁体重大数百倍、数千倍的食物，在一群蚂蚁的齐心协力下，被拖回蚂蚁的巢穴。

这种现象告诉我们，团队的合作是很强大的。你要知道，每个人的能力都是有限的。一个人精力旺盛，往往误认为自己没有做不到的事。实际上，精力再充沛，个人的能力还是有一个限度的，超过了这个限度，就是人力所不能及的，通过合作完成工作就显得尤为重要。

如果你在工作中善于合作，善于借助他人的力量，取人之长，补己之短，你的能力将会得到不断提高。那么，你的团队也将会做出更大的业绩，脱颖而出。

比分内的工作做得多一点

很多刚参加工作的新员工，总想着要尽快展现自己的才华，更恨不得马上就一鸣惊人。他们总是在想怎样才能得到老板的重视，却不愿意把这点心思用在多做一点事上面。

身在职场，每天都要面对繁多的工作，有些人嘴边经常说的是："我就拿这么点工资，凭什么干那么多的事，我才没那么傻呢！"或者说："老板就给我这点钱，我何必卖那些傻力呢！"

我们都知道这样一句话：各人自扫门前雪，莫管他人瓦上霜。工作也有分内分外之分。

有些人也许分内的工作做得还比较认真，分外的工作就淡然处之，甚至事不关己，高高挂起，这样的工作态度肯定得不到上司的赏识。

而那些对分内工作尽职尽责，分外的工作只要有益于人、有益于单位、有益于社会的事情也会热心去做，且尽力而为的人，一定会得到大家的尊重和敬仰，也通常会受到领导的器重和组织的重用。

在一家外企担任秘书的罗敏，每天的工作就是整理、撰写和打印一些材料，许多人都觉得她的工作枯燥无味。可罗敏却不这么认为，她觉得自己的工作非常好。她说："检验工作的标准并非你做得是否好，而是你能否发现工作中的缺憾。"

罗敏每天都仔细认真地做着自己的工作，时间长了，细心的她发现企业的文件中有许多问题，甚至企业的一些经营运作也有问题。

因此，除了完成每日必须要做的工作外，罗敏还很细心地搜集了一些资料，甚至是过期资料，她还查阅了许多关于经营方面的书籍，将这些资料分装整理，然后进行分析，写出自己的建议，最后，罗敏将打印好的分析结果以及相关资料一起交给了公司总裁。

公司总裁读了罗敏的这份材料，感到很吃惊，一位年轻的秘书竟然有如此缜密的心思，而且分析得井井有条、细致入微。总裁非常欣慰，他认为这种员工是企业难得的人才，也是企业的骄傲。

罗敏很快赢得了总裁的器重，获得了提升。罗敏认为自己只是比上司安排的工作多做了一点点而已，可总裁却认为她为企业做出了卓越的贡献。

每一个优秀的员工都不只是局限于做了自己分内的事就走向成功的，还应该比自己分内的工作多做一点，比别人期待的做得更多一点，如此才能取得更好的成绩。

一个人要获得成功，不是只做自己分内的事就可以了，还应该多留意身边的人或事，尽可能地得多做一点。要知道，有时候你可能只是多做了一点，但获得的回报远不止“一点”。

道尼斯先生最初为杜兰特工作时，职务很低，后来成为杜兰特先生的左膀右臂，担任起下属一家企业的总裁。他之所以能如此快速地升迁，秘诀就在于他不局限于做自己分内的工作。

在为杜兰特先生工作之初，道尼斯就细心地观察到：每天下班后，所有的中层干部和员工都回家了，可杜兰特先生仍然会留在办公室里继续工作到很晚。因此，道尼斯决定下班后也留在办公室里，看杜兰特先生有什么需要。

在加班时，杜兰特先生经常找文件、打印材料，最初这些工作都是他亲自来做。

很快，他发现道尼斯一直在办公室里，并主动要求看有什么可以帮忙的。有些工作杜兰特就自然地安排道尼斯来做，时间一长，杜兰特逐渐养成了召唤道尼斯的习惯。

道尼斯这种不局限于做自己分内工作的作风和态度，得到了杜兰特先生的肯定并受到重用。

作为管理者，应该向员工传达这样一种思想：别局限于做自己分内的事，做一些分外的有益的事，也许会占用你的休息时间。但是，你的行为会使你赢得良好的声誉，并增加他人对你的赏识和需要。

现如今，许多员工都将企业放在了和个人相对的位置上，将工作和酬劳算计得一清二楚、明明白白，不愿多付出一丝努力，不愿多做一丁点儿事情，或者说做了就要计较能得到多少报酬。他们不觉得多做些工作会为自己带来什么，反而会觉得自己吃亏。

身为职场的员工，不应当怀有“我必须为公司做什么”的想法，而应多考虑“我能为公司做什么”。

其实，很多时候，一些分外的事情也许员工并不需要做，但是做了肯定对企业、对自己都是非常有益的。

表面看来，如果员工做了分外的工作，并没有什么特别之处。但在老板眼里，这样的工作态度，表明这个员工是值得企业信任与依靠的。

取人之长，避己之短

一个企业中，每个员工都有自己的特长，也都有为企业奉献的精神，可是如果不把这些分散的个人力量拧成一股绳的话，就形成不了推动一切的合力，甚至会因为各自为政而相互掣肘。

互助精神，就是能把所有力量汇聚在一起，每个人都充分发挥自己的长处，同时帮助其他人弥补短板。

每个人都有自己的长处，同时也有自己的不足，这就要求我们与人合作，用他人之长补自己之短。养成良好的互补习惯，才会更好地完善自己，壮大团队。

如果员工在工作中善于合作，取人之长，补己之短，他的能力将会不断提高，那么，他也将会做出更好的业绩，在团队中脱颖而出。

有两个饥饿的人得到了一位长者的恩赐：一根鱼竿和一篓鲜活、肥大的鱼。其中一个人要了那篓鱼，另一个人要了那根鱼竿，然后他们各自开始了自己的征途。

得到鱼的人走了一段路后就用干柴搭起篝火烤起了鱼，他狼吞虎咽，还没有品出鲜鱼的肉香，转瞬间，鱼就被他吃了个精光。不久，鱼吃完了，他便饿死在了空空的鱼篓旁。

另一个人则提着鱼竿继续忍饥挨饿，一步步艰难地向海边走去。可当他已经看到不远处蔚蓝的大海时，他的最后一点力气也用完了，他也只能眼睁睁地带着无尽的遗憾撒手而去。

又有两个饥饿的人，他们同样得到了长者恩赐的一根鱼竿和一篓鱼，只是他们并没有各奔东西，而是商定共同去寻找大海。

他们俩每次只烤一条鱼，经过长途跋涉，他们来到了海边。

从此，两个人开始了以捕鱼为生的日子。几年后，他们盖起了房子，有了各自的家庭，有了自己的渔船，过上了幸福安康的生活。

在企业里，每一个员工都有不同的优势，这些不同优势的人构成了团队的总体价值，这正如有人有鱼、有人有鱼竿一样。每个人的职责是不一样的，所擅长的专业也是不一样的，分开来各自为营，都不会做成什么大事，只有组合在一起，才能长短互补，才能组成一支强大的队伍，共同完成任务。一个人的力量再强大，也不能解决所有问题。团队成员只有取长补短，欣赏他人，配合他人，才能发挥出各自的优势，才能构筑铁的团队。

一家人有五个儿子,这五个儿子可谓是“各有千秋”: 大儿子质朴，二儿子聪明，三儿子目盲，四儿子驼背，五儿子跛脚。

如果按照常理来看，这家人的日子一定过得相当艰难，但是出人意料的是，这家人的日子过得顺心如意。

有好奇者一打听，才知道这家人对五个儿子各有安排：让质朴的大儿子去务农，让聪明的二儿子去经商，目盲的三儿子正好可以按摩，驼背的四儿子可以搓绳，跛脚的五儿子变成了纺线的好手。

五个儿子各展其长，各尽其才，日子过得其乐融融。

只要每个成员都尽力发挥自己的才能、特长和优势，就可以让企业更加优秀，让企业得到更好的发展。

对于一个团队来说，每一个成员都是团队前进不可或缺的推动力量。团队中的每一个成员都需要认真地对待别人的长处和自己的短处，取长补短，虚心与人合作。只有这样，团队才能取得良好的成绩，才能在激烈的市场竞争中取胜。

鼓励员工能让他们获得更大进步

威廉·阿瑟·沃德说过：“拍我的马屁，我可能不会相信你；如果你批评我，我可能会喜欢你。如果你对我视若无睹，我可能不会原谅你；但是如果你鼓励我，我永远都不会忘记你。”

要知道，我们每个人都需要别人的鼓励，更会对别人的鼓励铭记于心。

专栏作家鲍伯·格林有一次在访问篮球界的传奇人物迈克尔·乔丹时，问他为什么在比赛的时候希望父亲能到场，乔丹回答说：“当父亲坐在观众席上的时候，我就好像吃了一颗定心丸一般，因为我知道，就算全场嘘声四起，我至少还有一个忠心的球迷默默地为我加油打气。”

其实，每个人都是一样的，不论他有多么强大、多么自信或是多么受欢迎，但是当他面临崭新的挑战、困难的境况，或是处理头疼的工作时，如果能够感受到有人衷心地支持他，那么他一定会觉得这些麻烦似乎变得没有那么难。

正是因为这样，我们也有必要给予别人衷心的鼓励，为他们加油、打气，而他们也一定会因此而感激你。

如果在你的团队中，各个成员之间能够相互鼓励、相互支持，那么，无可非议，你的团队一定是优秀和强大的。因为所有的人都会齐心协力，为实现目标而努力。

有两个公司的领导带领下属去参加保龄球比赛。

比赛的时候，下属抛过去的球打倒了七个，其中一个公司的领导说：“真厉害，一下就打倒了七个，不简单！”

这种语言是激励，下属听到这话，觉得很舒服，心里说：“下次我一定要打得更好！”

而另一个公司的领导说：“真糟糕，怎么还剩三个没有打倒呀！你是怎么搞的？”

下属听了这话，心里很别扭，心想：“我还打倒了七个，如果是你，可能打得还不如我呢！”

鼓励的话语，总是可以让一个人把事情做得更好。一句“工作做得不错”的简单称赞，就可能对一个人造成非常深远的影响。

韩国某大型公司的一个清洁工，本来是一个最被人忽视，最被人看不起的角色。但就是这样一个人，却在一天晚上与行窃公司保险箱的小偷进行了殊死搏斗。

事后，有人为他请功并问他的动机时，答案却出人意料。他说：当公司的总经理从他身旁经过时，总会不时地赞美他“你扫的地真干净”。

你看,就这么一句简简单单的话,就使这个员工受到多大的鼓励，为了公司的利益甚至不顾自己的生命。

知道吗？当你为别人加油打气的时候，别人受到的不仅仅是鼓舞的作用，更让他觉得自己身在一个温暖的团队中。在这样的团队中，每个员工就会更加努力地工作来维护好团队。

佛罗伦萨·利陶尔说：“我们都需要鼓励，当然，如果没有鼓励的话语，我们照样生活，就好像幼苗没有肥料的滋养，依然会继续成长。但是如果没有这种温暖的鼓励的滋养，我们自己的潜能就无法得到充分的发挥，而且就像是没有肥料的树木一样，成功几乎不可能在这样的环境下开花结果。”

因此，从现在开始，学会去鼓励团队中的每一个人吧。你所收获的回报一定会比你简单的那几句鼓励的话要多得多!

在团队中营造互帮互助的氛围

一位名人曾说：“帮助别人往上爬的人，会爬得更快。”

很多时候，在职场中是这样一种情况：不少人为了自己爬得更高、更快，就会蹬开爬在自己后面的人，或者拉下爬在自己前面的人。

也许，这样做的人一时可能是爬在了前面，但是当他遇到什么困难想继续往上攀爬的时候，却没有人可以帮助他。

其实，很多时候，我们在帮助别人的同时，也是帮了自己一把。

一个禅师走在漆黑的路上，因为路太黑，行人之间难免磕磕碰碰，禅师也被行人撞了好几下。

他继续向前走，远远看见有人提着灯笼向他走过来，这时旁边有个路人说道："这个盲人真奇怪，明明看不见，却每天晚上打着灯笼！"

禅师也觉得非常奇怪，等那个打灯笼的盲人走过来的时候，他便上前问道："你真的是盲人吗？"

那个人说："是的，我从生下来就没有见过一丝光亮，对我来说白天和黑夜是一样的，我甚至不知道灯光是什么样的！"

禅师更迷惑了，问道："既然这样，你为什么还要打灯笼呢？你甚至都不知道灯笼是什么样子，灯光给人的感觉是怎样的。"

盲人说："我听别人说，每到晚上，人们都变成了和我一样的盲人，因为夜晚没有灯光，所以我就在晚上打着灯笼出来。"

禅师非常震动地感叹道："原来你所做的一切都是为了别人！"

盲人沉思了一会儿，回答说："不是，我为的是自己！"

禅师更迷惑了，问道："为什么呢？"

盲人答道："你刚才过来有没有被别人碰撞过？"

禅师说："有呀，就在刚才，我被两个人不小心撞到了。"

盲人说："我是盲人，什么也看不见，但我从来没有被人撞到过。

因为我的灯笼既为别人照了亮，也让别人看到了我，这样他们就不会因为看不见而撞到我了。”

禅师顿悟，感叹道：“我辛苦奔波就是为了找佛，其实佛就在我的身边啊！”

这个故事告诉我们：点灯照亮别人的同时，更照亮了自己。这就是助人为乐的道理。在职场中不也是如此：帮助别人也就是帮助自己。

一个人不可能一辈子都不需要别人的帮助。

和团队成员相处，不要抱着“万事不求人”“万事不助人”的想法，当他们遇到了困难你却袖手旁观，使他们因为得不到帮助而无法走出困境，那真是大错特错的做法。

人都是有感情的，如果你在其他人处于困境的时候，助他一臂之力，他会记得你的好。当你也遇到困难的时候，他一定也会帮助你。

假设一下，如果遇到困难的是你，你的困难同事又可以很轻易地帮你解决，却偏偏就不帮助你，对你不闻不问，你的心里作何感想？你一定会埋怨甚至怨恨他。所以，当同事遇到了困难，你如果能帮助他，就一定要伸出援助的手，帮他渡过难关。

一般来说，团队成员之间在一起工作，要默契配合，互相帮助。

有这样的一个故事：有一个人被带去参观天堂和地狱。他先去看了魔鬼掌管的地狱。看上去，情况并没有人们想象中那样糟糕，所有的人都坐在华丽的酒桌旁，桌上摆满了丰盛的佳肴。

然而，当他仔细观察时，他才发现地狱里没有一张笑脸，也没有伴随盛宴的音乐和狂欢的迹象。坐在桌子旁边的人看起来沉闷、无精打采，而且个个瘦得皮包骨头。

这个人发现每人的左臂都绑着一把叉，右臂捆着一把刀，刀和叉都有四尺长的把手，致使每一样食物都放在他们手边，他们也吃不到，所以他们一直在挨饿。

然后他又去了天堂，景象完全一样——同样的食物、刀、叉与那些四尺长的把手。然而，天堂里的人却都在唱歌、欢笑。

这位参观者有些迷惑不解，为什么情况相同，结果却如此不同：在地狱里的人都挨饿而且可怜，可是在天堂的人却吃得很好而且很快乐。

仔细看了一会儿，他找到了答案。在地狱里的每个人都试图喂自己，可是刀和叉子上四尺长的柄，让这件本来简单的事情变得不可能。而在天堂里，每一个人都尽力喂对面的人，彼此协助，轻松地吃到了美食。

你帮助其他人获得他们需要的东西，你就能因此而得到你想要的东西，你帮助的人越多，你得到的也就越多。

在团队中营造互帮互助的气氛，让大家都摒弃那种“自扫门前雪”的自私想法吧！

只要偶尔地表示出你对同事的关心以及提供力所能及的帮助，你就会得到可观的回馈。这听起来很简单，却并不是每个人都能做到的。但是，只要大家都努力去做，将来团队的发展一定不可限量。

第九章

危机法则：培养队伍忧患意识

没有经过经济危机洗礼的民族，不可能是经济上成熟的民族；没有经过经济危机洗礼的企业家，不可能是成熟的企业家；没有经过经济危机洗礼的公民，不可能是市场上成熟的公民。

——郎咸平

“危机”两个字，一个意味着危险，另外一个意味着机会，不要放弃任何一次努力。

——于丹

团队危机意识不可少

中国有一句话说“生于忧患，死于安乐”，意思是“人要有忧患意识”。在这里，就是要有“危机意识”！

一个国家如果没有危机意识，这个国家迟早会出问题；一个企业如果没有危机意识，这个企业迟早会垮掉；一个团队如果没有危机意识，必会遭到不可预测的灾难。

未来是不可预测的，就是因为这样，我们才要有危机意识，在心理上及行动上有所准备，应对突如其来的变化。如果没有准备，不要谈应变，光是心理受到的冲击就会让你手足无措。有危机意识，或许不能把问题消灭，但可把损害降低，为自己打造生路！

每一个优秀的团队，都会保持着一种高度的危机意识。

微软团队的标语是“离破产只有180天”；海尔团队形容自己的境遇是“战战兢兢，如履薄冰”；华为团队最为重视的是危机管理，这一切都不是危言耸听，因为只有真正看到危机，团队才能更好地生存下来。如果缺乏危机意识，不能正确认识危机，不能有效化解危机，那么团队死亡是迟早的事情。

几年前，联想曾发文《狼性的呼唤》，这是杨元庆激活联想文化的檄文。

当时的联想没有退路，只有背水一战，重新在PC市场找回领导者的尊严，因为它的对手是比联想强大十倍甚至几十倍的惠普、戴尔、IBM等跨国公司。

为此，联想别无选择，必须鼓舞士气，再现当年PC市场攻城略地的霸气。

“要战胜比自己强大的竞争对手，我们的自身条件将会更残酷，如果我们每一个细胞、每一个个体都不具有竞争力，那这个企业会有竞争力去抗争吗？”联想高层看到了这个明摆着的问题。

这几年戴尔的攻势咄咄逼人。戴尔人均产出相当于800多万元，而联想的人均产出只有300万元。

联想团队必须树立高度的危机意识。这里只有对手，没有朋友；这里只有尊重，没有友谊。

其实，联想做出这样的决策正是它意识到了危机的存在所采取的措施，只不过联想的举措在实施的过程中操作过于简单，过于刚性，没有真正上升到管理的层面，与战略转型相配套而已。

这就要求团队必须保持高度的危机意识，以随时应对突如其来的变化。

在危机来临之前做好准备

我们的团队在危机来临时之所以常常慌乱无措，最主要的一个原因是事情出乎了意料，因此心中没有相应的应对方法。

如果能时常思考一下将来可能出现的危机，并提前做些相应的准备，那么即使危机到来，也不会慌乱，应对起来也可以有条不紊。

春秋末期，智伯联合韩、魏两国军队攻打赵国。

赵襄子和张孟谈商量防御的方法，张孟谈说：

“董安于是先王赵简子的才臣，过去治理晋阳时，一直因善政被人赞美，其遗风仍留传至今。依我看，还是到晋阳去坚守为好。”

于是赵襄子便转移到晋阳，到了晋阳城才发现，不但城墙不高，仓库没有存粮，府库没有金钱，兵器库没有武器，就连四周的村落，也没有任何防御设施，他不由得大为惊恐，赶紧把张孟谈找来商量。

“在一无所有的状态下，叫我如何来防御敌人呢？”他问道。

张孟谈回答道：“圣人之治，储藏财物于民间，而不在府库；致力于教化人民，而不注重营造城墙，这样民则无不心服。因此，如今可下令要人民保留三年的生活必需品，多余的金钱和粮食都交出，让那些年轻的人修筑城池，人民是会服从命令的。”

下令之后，第二天人民就送来了难以估量的粮食、金钱。五天后，城池修理完毕，一切用具也都重新整治，赵襄子又找张孟谈商量道：

“一切都已经齐备了，可是没有箭，该怎么办呢？”

“董安于治理晋阳时，官署四周都种植了荻蒿等高杆植物，现在已长到一丈多高了，可以用来做箭杆。”张孟谈答道。

赵襄子立即命人将其砍下，制成箭杆。这箭杆比起洞庭湖产的竹箭，毫不逊色。但有了箭杆却没有箭头，又该怎么办呢？于是赵襄子又把张孟谈找来说：

“虽然有箭，但却没有箭头。”

“官署的柱子，是用铜打造的，您尽管使用就是了。”

赵襄子马上利用柱上的铜，来制造所需的箭头，结果粮草兵箭万事齐备。

不久，智伯的军队来攻，赵襄子坚守晋阳，最终大破智伯军，并且还将智伯杀死了。

一个团队要想稳定发展，必须随时做好应对危机的准备。因为市场竞争激烈，危急随时都有可能出现，只有做好充足的准备，才能在危机来临时不紧张，不慌乱，沉着应对，妥善解决，让团队永远立于不败之地。

危机面前不畏惧

趋利避害是人的本能，谁都不愿意生活在危机中。

但是每一个团队在生存发展的过程中都不可避免地要遇到种种危机，这个时候，应该像狼一样，无惧危机，勇往直前。

但是，很多团队面对危机，不能保持良好的心态。当恐惧的氛围笼罩团队之时，也就预示了他们必然遭遇失败。

公元前 202 年，楚军与汉军展开大战。

在战斗中，楚军失利，陷入汉军的包围之中，暂时驻扎于垓下。

夜晚，刘邦命包围的汉军用哀婉的曲调唱起楚国的歌曲。被困楚军听到四面楚歌，以为家乡都已被汉军攻占，顿时惊慌，军心涣散，恐惧的氛围弥漫开来。

在第二日的战斗中，心怀畏惧的楚军被汉军杀了个片甲不留，连主帅项羽都自刎于乌江边，只留下“时不利兮骓不逝”的叹息。

表面上看，打败楚军的是汉军的强大兵力；但实际上，真正导致楚军失败的，是他们面对危机时的恐惧心理。

正是因为对危机感到畏惧，才让他们在战场上不能勇敢地冲锋陷阵，最终落得惨败的境地。

如今，有些团队一发现危机就慌了手脚，畏缩不前，不能及时采取正确措施有效应对危机，就如同当年的楚军一样，最终难逃失败的命运。

只有那些面对危机不畏惧，不慌乱，沉着冷静应对危机的团队，才能够在风波迭起的商业大潮中永远立于不败之地。

喜欢看篮球比赛的朋友们都不难发现，只有无所畏惧的球队才能呈现出最佳状态，发挥出最好的水平。篮下，中锋敢投敢抢；外线，后卫敢于出手，这样才是一支优秀的篮球队。试想，如果一个篮球队的队员都不敢向前抢球的话,大家都退缩不前,那这支篮球队必输无疑。

任何一个团队都是如此，要想获得成功，就必须具有临危不惧的精神。在前进的道路上，优秀的团队无所畏惧，一路向前，因为他们知道，只有这样才有获得成功的机会。

恐惧只会让团队受禁于死地，你恐惧竞争，就会想方设法逃避。一个不敢直面挑战与竞争的团队，永远也不可能在竞争中取胜。

如果不想成为一个失败的团队，不想成为在恐惧中死亡的羔羊，就必须做一个勇者，这样才可以战胜所有的困难与挑战，在激烈的竞争中取得成功。

有很多这样的例子，一些团队面对危机，冷静决策，勇敢应对，失败了再起来，毫不畏惧，毫不退缩，他们不惧失败，抱着不屈不挠的无畏精神向前奋进，最终获得了成功。

从那些优秀团队的身上，我们可以看出无畏的精神。对于追求成功的团队来讲，只要不放弃尝试，不断地尽自己最大的力量，便是在创造成功。

我们的团队一定要好好地调整好自身的状态，面对危机不畏惧，继续努力做得更好，只要能做到这些，成功是迟早的事情。

面对危机主动出击

在这个优胜劣汰的竞争时代，团队必须具备这种面对危机主动出击的态度,才能迸发出新的工作、创业激情,才能真正实现跨越式发展。

当安卓系统全面占领中国手机市场的时候，华为公司率先看到了其中的危机，倘若安卓系统撤出中国，不对中国手机用户开放，那么必将使中国的整个电讯行业面临瘫痪。

在这种潜在的危机之下，华为团队开始着手研发属于自己的系统——鸿蒙。

2019 年 8 月 9 日，华为公司在东莞举行的开发者大会上，正式发布自主研发的鸿蒙操作系统，并表示鸿蒙操作体系将率先使用在智能手表、智慧屏、车载设备、智能音箱等智能终端上。

鸿蒙系统的出现，不仅解决了我国没有自主研发电子通信系统的弊端，化解了安卓可能撤出中国市场的危机，更具有了许多优于安卓系统的功能。

鸿蒙是全球第一个实现多终端协同操作的系统。它适应智能互联网时代所有的终端，包括电脑、智能手机、智能电视、智能汽车、智能家居，等等。它的开创性思维，代表了新一代操作系统的发展趋势。

面对可能存在的危机，华为团队主动出击，提前采取应对措施，将可能出现的危险和隐患化于无形。

面对危机主动进攻是做事的一种态度，是成功的保障，更是团队生存和发展的必经之路。

有些团队在市场竞争中总是处于被动状态，处处受人压制，殊不知，这种被动局面完全是由自己造成的。只有面对危机主动进攻，事事想在前面，干在前面，才能从被动的局面中解脱出来。

商场如战场，要想在商场上有立足之地，就必须做到面对危机主动进攻。唯有如此，才能在激烈的市场竞争中永远立于不败之地，才能不断发展，最终成为一个强大的团队，创造更好的业绩。

在危机中求生存

1492 年 8 月 3 日，哥伦布和他的船员们乘坐的帆船出了海，他们此行的目的是寻找通往东方的航路。

他们的船很小，比平常的帆船大不了多少，而且刚刚起程三天，船舵就断了。

海上风急浪高，这只断了舵的小船在海上艰难地漂泊。他们被暴风雨吹得迷失了方向，四周都看不见陆地，而且淡水和食物很快也要吃光了。

如果再不找到一块陆地，他们恐怕就要死在海上了。

面对这样的危机，团队成员艰难地维持着海上生存，终于在船航行到距离出发地 2300 英里远（哥伦布故意骗他们说只有 1700 英里远）的时候，他们发现了有樱桃木漂在水面上，船周围时常有一些陆上的鸟类飞过，水手们还从水里打捞起了一块很奇怪的雕有图案的木片。

至此，他们终于抵达了目的地，发现了新大陆，并将西班牙王国的旗帜插在了这片新大陆上。

正是因为在危机之中依然努力求生存，让哥伦布和他的团队战胜了海上的风浪，战胜了淡水和食物短缺的危机，最终抵达了目的地。

在我们的生活中又何尝不是如此呢？

那些在身处危机依然咬紧牙关不放弃，努力求生存的团队，最终往往能够战胜危机，走出困境，迈入新的征程；而有些团队在危机之中丧失斗志，还没有被困难打倒，就自己先举手投降，这样的团队，势必难逃死亡的命运。

而我们一定要做永不言弃的团队，即使身处危机之中，也要咬紧牙关，求得一线生机。

战胜危机生存下来的狼，才是真正勇敢、智慧的狼。它们意志更坚强，经验更丰富，技能也更娴熟，因为战胜危机的过程锻炼了它们的意志和品格。

同样，能够战胜危机生存下来的团队，也必然会成为一个优秀的团队，创造更大的成功。

化解危机要敢于破釜沉舟

当某件事情的发展到了一个生死攸关的时刻，我们就需要有一点破釜沉舟、置之死地而后生的精神。

项羽当年以弱胜强，就是因为他破釜沉舟，绝了士兵生路，结果，人人奋命杀敌，以一当十，所以才大败秦军。

可能你会说，“破釜沉舟”只是一个故事，我们今天不会遇到那样的情景。这话你也不要说得太满，说得太绝。商场如战场，有时候一桩生意，有可能就因为你缺少了一种“破釜沉舟”的劲头而宣告失败。

很多企业家在经营过程中都敢于用一时的损失和痛苦换来巨大的市场和利益。明知不可为而为之，靠的就是比别人看得更宽，想得更全面、更深远，思维更具有深度。

也就是说，他们靠置之死地而后生的勇气而制胜。

在许多重要的场合，大家都能看到某个项目的损失，往往都是因为采取短期行为。那么，在这样的场合，胜利大多归属于甘于吃亏、善于吃亏的企业家。因为，这种明知不可为而为之和甘于吃亏其实就是一种破釜沉舟的做法。

这个理论在格力电器的总经理朱江洪那里得到了生动的印证。

在朱江洪任广西百色某机械厂厂长的时候，就曾经带领全厂，用破釜沉舟的精神帮助企业摆脱危机，在激烈的市场竞争中脱颖而出。

1984 年春节前几天，他收到西藏水泥厂驻京办事处一封求购函。

当时市场竞争十分激烈，企业正面临着前所未有的竞争危机。如果能做成这一单生意，无疑可以使企业走出困境。但是，丰富的商战经验告诉他，这只是一封试探性的求购函，同样的求购函肯定像天女散花一般投向全国各地的机械厂，同行们也无疑都知道这个事实。

但朱江洪进一步意识到，西藏代表着中国很特殊的一块市场，在西藏市场有了一份份额，不愁在其他发达地区没有市场。他决心促成这桩生意。第二天一早就派销售科长动身赴京，并明示即使经济上吃亏也要签合同供货。

朱江洪的这种破釜沉舟或者说深谋远虑，一般人都没有预料到，就连西藏水泥厂的代表也吃了一惊，马上签了约。

事情的发展也正如朱江洪预料的那样，这桩生意没赚到钱。为履行合同，工人牺牲春节休息时间加班加点生产设备。时值隆冬，运输路线长、道路状况险恶，厂里派出5辆车经云南把机械直送西藏，其中有一辆车专门拉上所需汽油，来回折腾了将近50天，滑坡、塌方、暴风雪，事故不断，可以说是吃尽了苦头。

这桩生意虽没赚到钱，但却给朱江洪赢得了市场和荣誉，用他的话讲就是："我们有资格吹牛了：除了台湾，我厂产品覆盖全国！"

果然，没用几年时间，朱江洪所在的机械厂生产出10种产品50种规格，企业产值3000万元，利润800万元，各项指标都一跃成为全国同行业的"大哥大"。

朱江洪的经营哲学与他的思维逻辑完全一致：该争的绝对要争，不该争的绝对不争；该吃亏的就要敢于吃亏，该破釜沉舟的时候就要破釜沉舟，否则，就有可能错失发展机会。

任何一个团队，都应该学习这种危机面前敢于破釜沉舟的精神。因为只有破釜沉舟，不留退路，才能奋勇向前，直到取得最终的胜利。